Frisch und gesund rund ums Jahr

Vegetarische Küche

Herausgegeben von
Isa Fuchs

DASSERMANN

Inhalt

Abkürzungserklärungen:

EL	=	Eßlöffel
TL	=	Teelöffel
cl	=	Zentiliter
ml	=	Milliliter
g	=	Gramm
kg	=	Kilogramm
Msp.	=	Messerspitze
ca.	=	cirka
TK-	=	Tiefkühl...
F.i.Tr.	=	Fett in der Trockenmasse
°C	=	Grad Celsius
Min.	=	Minute(n)
Std.	=	Stunde(n)

Vorwort

Ernährungsphysiologen warnen, unsere Druchschnittsernährung besteht aus zu wenig Vitaminen, Ballast- und Nährstoffen und zu vielen Kalorien und Kohlenhydraten. Im Verlauf von wenigen Generationen haben sich die Lebensgewohnheiten und Arbeitsweisen einschneidend geändert, wohingegen sich die Ernährungsformen diesen veränderten Gegebenheiten nicht angepaßt haben. Grob geschätzt üben heute etwa 80 % der Bevölkerung in den Industrienationen eine sitzende Tätigkeit aus. Wir ernähren uns aber so, als ob wir wie unsere Vorfahren körperlich schwer arbeiten würden. Das heißt, wir führen uns teilweise mehr als das Dreifache der benötigten Menge an Nahrungsenergie zu. Ein Hauptbestandteil ist dabei nach wie vor Fleisch; der jährliche Pro-Kopf-Verbrauch von Fleisch liegt in der Bundesrepublik Deutschland bei 90 Kilogramm. Für viele ist eine fleischlose Küche immer noch nicht vorstellbar, ohne das tägliche Schnitzel hätten sie das Gefühl, sich nicht ausreichend zu ernähren. Dabei können die für die Gesundheit wesentlichen Inhaltsstoffe, die der Fleischverzehr liefert, problemlos durch den Konsum von anderen Lebensmitteln ersetzt werden.

Aus welchen Gründen auch immer man sich für eine vegetarische Ernährung entscheidet, auf alle Fälle muß eine ausgewogene Kost gewährleistet sein. Um ihre Inhaltsstoffe zu kennen, müssen wir uns aber mit den einzelnen Lebensmitteln näher befassen.
Es erscheint widersprüchlich, daß Menschen, die in einer Wohlstandsgesellschaft leben und Zugriff auf eine breite Palette verschiedener Lebensmittel haben, nicht in der Lage sind, sich aus diesem Angebot das für sie Beste herauszusuchen. Das mag daran liegen, daß uns die Qual der Wahl verunsichert; es gibt Erdbeeren zu Weihnachten, Kirschen zu Ostern und Heidelbeeren im November. Keine Mühen und Kosten werden gescheut, Obst und Gemüse aus fernen Ländern zu importieren, damit wir uns kulinarische Wünsche ganzjährig erfüllen können. Doch gleichzeitig macht uns dieser Zustand um eine Erfahrung ärmer. Im Gegensatz zu unseren Großeltern wissen heute die wenigsten, welches Obst und Gemüse wann Saison hat und wann diese Naturprodukte am wohlschmeckendsten sind. Ähnliche Probleme ergeben sich im Umgang mit wertvollen Getreideprodukten; wie man Hirse und Grünkern zubereitet und wie man Keimlinge aus Getreidekörnern zieht, ist den meisten ein Rätsel. Dabei sind gerade diese Lebensmittel ein wichtiger Teil der vegetarischen und gesunden Ernährung.

In diesem Buch werden Sie manche Erzeugnisse finden, die Sie vielleicht nur vom Hörensagen kennen, die aber den älteren Generationen wohlbekannt sind. Schließlich kam hierzulande vor fünfzig Jahren höchstens sonntags oder bei festlichen Anlässen Fleisch auf den Tisch. Wie abwechslungsreich und phantasievoll die vegetarische Küche sein kann, versucht Ihnen dieses Buch zu vermitteln. Köstliche Gemüsesuppen, sahnige Nudelgerichte, schmackhafte Aufläufe, knackige Salate, internationale Gemüsespezialitäten, traumhafte Desserts, die Palette der

fleischlosen Speisen ist sehr bunt. Sicher ist auch das eine oder andere Rezept dabei, mit dem Sie Ihre nichtvegetarischen Gäste begeistern können!

Viel Freude beim Nachkochen
wünscht Ihnen
Ihre

Isa Fuchs

Die vegetarische Ernährung

Die rein pflanzliche Ernährung hat vermutlich eine jahrtausendealte Tradition. Bereits die großen Weltreligionen Hinduismus und Buddhismus, die etwa 500 vor Christus in Indien und China ihre Verbreitung fanden, empfahlen eine fleisch- und fischlose Kost. Auf dem europäischen Kontinent soll es der Mathematiker Pythagoras gewesen sein, der den klassischen Vegetarismus begründete. Inzwischen hat der Vegetarismus weltweit unzählige Anhänger; die „Internationale Vegetarier-Union" wurde 1908 in Dresden gegründet und hat heute ihren Sitz in London. Zahlreiche Prominente aus verschiedenen Wissenschaftsbereichen, die in unserem Jahrhundert gewirkt haben, wie zum Beispiel Albert Einstein, Albert Schweitzer und Erich Fromm waren überzeugte Vegetarier.

Gefahren durch falsche Ernährung

Es ist kein Geheimnis mehr, daß sich heute die Mehrzahl der Menschen durch Streß, unregelmäßige und vitaminarme Mahlzeiten schlecht und unausgewogen ernährt. Viele unserer sogenannten Zivilisationskrankheiten resultieren aus ungesunden Eßgewohnheiten. Ein großer Teil unserer Bevölkerung ist davon betroffen: Etwa 60 Prozent der Bundesbürger leiden an zuviel Cholesterin, hohen Blutfettwerten, Darmträgheit und Übergewicht. Darüber hinaus kann falsche Ernährungsweise zu weiteren Krankheiten wie Allergien, Rheuma, Hämorrhoiden und Krampfadern führen. Die häufigsten Ernährungsfehler können folgendermaßen zusammengefaßt werden: Wir essen zu viel, zu fett, zu süß, zu salzig und nehmen zuviel Alkohol zu uns. Die heutige Zivilisationskost ist in erster Linie „Kochkost". Alles wird möglichst gekocht, gebraten und gebacken. Frischkost führen die meisten Menschen nur in Form von Salat oder Gurken- und Tomatenscheiben auf belegten Brötchen zu sich. Termin- und Zeitdruck führen dazu, daß sich die wenigsten die nötige Muße für den Einkauf, die Zubereitung und den Genuß von Speisen nehmen. Der Griff zu Dosen- und Fertiggerichten, in die Tiefkühltruhe oder der Gang zum Schnellimbiß werden daher immer beliebter. Die Folgen für unseren Körper sind Vitamin-, Mineral- und Ballaststoffmangel und eine überhöhte Kalorienzufuhr. Dabei erfordert eine Ernährungsumstellung oft nur ein Minimum an Organisationsaufwand, den auch Berufstätige leisten können. Da sich Gesundheitsschäden, die durch Fehlernährung verursacht werden, häufig erst nach Jahren einstellen, und dann nur mühsam wieder zu beheben sind, sollten Sie nicht zögern, Ihre Eßgewohnheiten möglichst bald zu ändern.

Bewußter Verzicht

Die Entscheidung, sich ausschließlich von pflanzlichen Produkten zu ernähren, kann verschiedene Gründe haben. Gesundheitliche, ethnische, ökologische, aber auch ökonomische Gesichtspunkte spielen hier eine wichtige Rolle. Der seit den 50-iger Jahren stetig anwachsende Pro-Kopf-Verbrauch von Fleisch in der Bundesrepublik hat der Verbreitung von Massenentierhaltung enormen Vorschub geleistet. Abgesehen von der Art und Weise, in der so aufgezogene Tiere leiden müssen, ist das Fleisch dementsprechend durch Pharmaka und künstliche Hormone belastet. Die in regelmäßigen Abständen in den Medien auftauchenden Skandalmeldungen über verseuchtes Fleisch regen nicht nur Gesundheitsbewußte zum Nachdenken an. Eine mögliche Konsequenz daraus ist, auf tierische Lebensmittel, vor allem auf Fleisch und Wurst, bewußt zu verzichten. Allgemein wird in drei Arten vegetarischer Kost unterschieden:

Ovo-lakto-vegetabile Kost

Diese Art der Ernährung entspricht dem klassischen Vegetarismus und wird von der Mehrheit der Vegetarier angewendet. Auf den Verzehr von Fisch und Fleisch, also auf die Nahrung von toten Tieren, wird völlig verzichtet. Dagegen stehen durchaus Produkte von lebenden Tieren wie Milch, Milchprodukte (Käse etc.) und Eier auf dem Speiseplan.

Laktovegetabile Kost

Hier liegt der Schwerpunkt in der Ernährung auf pflanzlichen Erzeugnissen. An tierischen Lebensmitteln werden nur Milch und Milchprodukte, aber keine Eier verzehrt.

Vegane Kost

Diese Kostform ist die konsequenteste unter den vegetarischen:

Veganer nehmen überhaupt keine Produkte, die vom Tier stammen, zu sich. Abgelehnt werden daher Fleisch und Fleischwaren, Fisch, Milch und Milchprodukte sowie Eier. Häufig benutzen Veganer auch keine Gebrauchsgegenstände, die aus Tierhäuten oder ähnlichem gefertigt werden, wie zum Beispiel Leder. Diese Art des Vegetarismus ist allerdings wenig verbreitet. Neben den eben genannten Kostformen gibt es – je nach individueller Neigung – natürlich noch verschiedene Mischformen. So verzehren manche Anhänger der ovo-lakto-vegetabilen Kost auch Fisch.

Der pure Verzicht auf fleischhaltige Erzeugnisse garantiert noch keine gesunde, ausgewogene Ernährung. Damit Sie die ernährungsphysiologischen Vorteile, die die vegetarische Kostform mit sich bringen, voll ausschöpfen können, müssen Sie darauf achten, daß die alternativen Lebensmittel möglichst vollwertig und frisch sind.

Gesunde Lebensmittel

Gesund und fit durch vegetarische Ernährung

Viele Menschen halten es für unmöglich, daß man sich ohne tierische Produkte ausreichend ernähren kann. Dabei gibt es, vor allem in Ostasien, Völker, die aus religiösen Gründen gar kein oder kaum Fleisch essen und sich trotzdem bester Gesundheit erfreuen. Die Nährstoffe, die uns beim Fleischverzehr geliefert werden, wie zum Beispiel Eiweiß, Fett und Vitamine der B-Gruppe, können durch eine günstige und ausgewogene Zusammenstellung anderer Lebensmittel durchaus ersetzt werden. Getreide- und Milchprodukte beispielsweise sind hervorragende Eiweiß- und B-Vitamin-Lieferanten. Viel Gemüse und frisches Obst sorgen für eine optimale Versorgung mit wichtigen Vitaminen, Mineral- und Ballaststoffen, ohne daß dabei gleichzeitig zu hohe Mengen Fett aufgenommen werden. Sojabohnen, Nüsse und pflanzliche Öle sind reich an mehrfach ungesättigten Fettsäuren, die uns lebensnotwendige Fette liefern und leicht verträglich sind. Neben der richtigen Auswahl an Lebensmitteln ist natürlich auch die innere Einstellung zu unserem Körper und zur Ernährung für unser gesamtes Wohlbefinden verantwortlich. Gewöhnen Sie sich an, langsam und bewußt – also möglichst nicht vor dem Fernseher – zu essen. Gestalten Sie Ihre Mahlzeiten genußreicher, indem Sie sich vergegenwärtigen, daß Sie gesunde und vollwertige Kost zu sich nehmen. Denn nicht nur „was“, sondern auch „wie“ wir essen, beeinflußt unsere Gesundheit.

Richtig einkaufen

Sich bei vegetarischer und vollwertiger Kost mit den nötigen Lebensmitteln zu versorgen, ist nicht so aufwendig und zeitraubend, wie vielleicht manche befürchten. Sie müssen nicht jeden Tag einkaufen gehen, um die erforderlichen Zutaten so frisch wie möglich verarbeiten zu können. Dies wäre speziell für Berufstätige auch gar nicht durchführbar. Viele Produkte sind lagerfähig, und für eine ausgewogene Ernährung werden nur wenige Grundnahrungsmittel benötigt. Ein regelmäßiger Großeinkauf, etwa einmal im Monat, ist ausreichend, um sich mit Grundvorräten einzudecken. Manche Getreidearten und Kartoffeln können Sie in größeren Mengen vielleicht direkt bei einem Bauern erwerben, der ökologische Landwirtschaft betreibt. Beide Produkte sind länger lagerfähig. Dadurch ersparen Sie sich häufige Ein-

kaufsgänge, und größere Mengen sind meist billiger als die kleinen, abgepackten im Reformhaus. Darüber hinaus kennen Sie dann die Erzeugnisquelle ihrer Produkte und fördern die ökologische Landwirtschaft. Leichter Verderbliches wie Milch, Milchprodukte, Gemüse, Obst und Brot müssen Sie ein- bis zweimal die Woche einkaufen. Um unnötigen Streß beim Einkaufen zu vermeiden, können Sie in Ihrer Küche regelmäßig Listen erstellen, welche Lebensmittel gerade ausgegangen sind oder welche Sie zusätzlich benötigen. Mit einer Liste in der Hand kommen Sie beim Einkaufen auch so leicht nicht in Versuchung, Überflüssiges zu kaufen. Wenn irgend möglich, sollten Sie bevorzugt in Naturkostläden oder Reformhäusern einkaufen. Die Produkte kosten dort zwar etwas mehr, dafür können Sie in der Regel sicher sein, daß die Erzeugnisse aus anerkannt biologischem Landbau stammen. Manche vollwertigen Zutaten wie Getreide und Vollkornprodukte sind heute auch in Supermärkten erhältlich. Entgegen der Bezeichnung auf der Verpackung sind die Produkte jedoch häufig leider keine echten Biowaren, und bieten daher nicht die Qualität, die in Naturkostläden erhältlich ist. Bei Obst und Gemüse sollten Sie heimische, saisonale Gemüse- und Obstarten bevorzugen, die Sie auch auf dem Wochenmarkt oder direkt beim Erzeuger kaufen können (Beachten Sie hierfür auch die Tabellen auf Seite 10/11). Wir empfehlen, folgende Lebensmittel immer im Haus zu haben:

Getreideprodukte
1 kg Dinkel
1 kg Hartweizen
500 g Hirse
500 g Buchweizen
500 g Grünkern
500 g Rundkorn-Vollreis
250 g Linsen
500 g Nüsse (versch. Sorten)
100 g Samen zum Keimen

Öle und Fette
Sonnenblumenöl
Olivenöl
Distelöl
Sojaöl
Butter

Gewürze und Würzmittel
Senf
Tomatenmark
Vollmeersalz
Kräutersalz
weiße und schwarze Pfefferkörner
Cayennepfeffer
Lorbeerblätter
Nelken
Wacholderbeeren
Korianderkörner
Muskatnuß
Vanilleschoten
Zimtstangen und Zimtpulver
Sojasauce

Milch und Milchprodukte
1 Liter Milch
Joghurt oder Quark
süße und saure Sahne
Doppelrahmfrischkäse
Parmesankäse

(Farbfelder in der Tabelle wiedergegeben als: D = blau = aus Deutschland; E = rosa = aus anderen europ. Ländern)

D = aus Deutschland; E = aus anderen europ. Ländern	Frühling			Sommer			Herbst			Winter		
	März	April	Mai	Juni	Juli	Aug.	Sept.	Okt.	Nov.	Dez.	Jan.	Feb.
	Gemüse											
Artischocken			E	E	E	E	E					
Auberginen					D	D	D	D	D			
Austernpilze		D	D			D	D		D			D
Blattsalate, andere	E	E	D	D	D	D	D	E				E
Blumenkohl	E	E	E	E	D	D	D	D	D		E	E
Bohnen, dicke				D	D	D						
Bohnen, grüne				D	D	D						
Brokkoli	E	E	E	E	D	D	D	D	D		E	E
Champignons	D	D	D	D	D	D	D	D	D	D	D	D
Chicorée							D	D	D	D	D	D
Chinakohl					E	E	D	D	D	E		
Einlegegurken						D	D	D				
Endiviensalat	E	E	E	D	D	D	D	D	D			E
Erbsen			D	D	D							
Feldsalat		E	E	E		D	D	D	D	D	D	D
Fenchel					E	E	D	D	D	D	D	
Grünkohl								D	D	D	D	D
Karotten (Möhren)		D	D	D	D	D	D	D	E	E		
Kartoffeln	E	E	D	D	D	D	D	E	E			
Knollensellerie						D	D	D	D	D	D	
Kohlrabi	E	D	D	D	D	E					E	E
Kopfsalat	E	D	D	D	D	D	D	D				
Kürbis						E	D	D	D	D		
Mais						D	D	D				
Mangold				D	D	D	D	D				
Paprikaschoten	E	E	E	D	D	D	D	E	E			
Porree (Lauch)	E				D	D	D	D	D	D	D	D
Radieschen		E	D	D	D							
Rettiche		D	D	D	D							
Rosenkohl							D	D	D	D	D	D
Rote Beten	D					E	D	D	D	D	D	D
Rotkohl	D				E	D	D	D	D	D	D	D
Salatgurken	E	E	E	E	D	D	D	D			E	E
Schwarzwurzeln								D	D	D	D	
Spargel	E	E	D	D								
Spinat	D	D	D	D								

blau = aus Deutschland rosa = aus anderen europ. Ländern	Frühling			Sommer			Herbst			Winter		
	März	April	Mai	Juni	Juli	Aug.	Sept.	Okt.	Nov.	Dez.	Jan.	Feb.
Spitzkohl	rosa	blau	blau	blau	rosa						rosa	rosa
Staudensellerie				blau	blau	blau	blau	blau				
Steckrüben						blau	blau	blau	blau	blau		
Tomaten	rosa	rosa	rosa	rosa	blau	blau	blau	blau	rosa			
Waldpilze					blau	blau	blau	blau	blau			
Weißkohl	rosa			rosa	blau	blau	blau	blau	blau	blau	blau	blau
Wirsing	rosa	rosa	rosa	rosa	blau	blau	blau	blau	blau	blau	blau	rosa
Zucchini				rosa	rosa	blau	blau	blau	blau			
Zuckerschoten				blau	blau	blau	rosa	rosa				
	Obst und Nüsse											
Äpfel					rosa	blau	blau	blau	blau			
Aprikosen			rosa	rosa	blau	blau						
Birnen				rosa	rosa	blau	blau	blau				
Brombeeren				rosa	rosa	blau	blau					
Edelkastanien							rosa	rosa				
Erdbeeren	rosa	rosa	blau	blau	blau	rosa	rosa					
Grapefruits	rosa										rosa	rosa
Himbeeren			rosa	rosa	blau	blau	blau					
Holunderbeeren								blau				
Johannisbeeren				blau	blau	blau	blau					
Kirschen			rosa	blau	blau	blau	blau					
Kiwis	blau	blau	blau									blau
Mandarinen										rosa	rosa	
Melonen					rosa	rosa	rosa	rosa	rosa			
Mirabellen						blau	blau	blau				
Nüsse							blau	blau	blau			
Orangen	rosa	rosa	rosa	rosa					rosa	rosa	rosa	rosa
Pfirsiche				blau	blau	blau	blau					
Pflaumen				blau	blau	blau	blau					
Preiselbeeren						blau	blau	blau				
Quitten								blau	blau	blau		
Renecloden					blau	blau	blau					
Rhabarber		blau	blau	blau								
Stachelbeeren				blau	blau	blau						
Weintrauben						rosa	blau	blau				
Zitronen	rosa	rosa	rosa	rosa					rosa	rosa	rosa	rosa
Zwetschgen				rosa	blau	blau	blau					

Gemüse und Obst

Gemüse und Obst sind wichtige Mineral- und Nährstofflieferanten. Beides sollten Sie so häufig wie möglich in Form von Rohkost zu sich nehmen, um Verluste an Inhaltsstoffen durch Be- oder Verarbeitung zu vermeiden. Die folgenden, aufgelisteten Gemüse- und Obstsorten erheben keinen Anspruch auf Vollständigkeit. Wir haben jene Sorten ausgewählt, die ernährungsphysiologisch besonders wertvoll sind.

Gemüse

Artischocken gehören zu den Distelgewächsen. Angeboten werden grüne, violette und weiße Sorten. Artischockenböden und -herzen werden als Gemüse zubereitet, die gegarten Blätter werden einzeln aus dem Blütenkopf gezupft und zu Saucen gereicht. Artischocken schmecken zartbitter und feinherb und enthalten Eiweiß, Kalzium, Eisen, Provitamin A sowie Vitamin B1.

Auberginen sind Nachtschattengewächse. Die ovalen, dunkelvioletten Früchte haben einen kürbisähnlichen Geschmack und sind auch unter dem Namen Eierfrüchte bekannt. Auberginen gelten als sehr gesund; das Fruchtwasser fördert die Gallensekretion und senkt den Cholesterinspiegel des Blutes.

Avocados sind eigentlich eine Mischung aus Gemüse und Obst. Verzehrt wird das frische, cremige, grünliche Fruchtfleisch, das nußartig schmeckt. Es sollte nach dem Öffnen der Frucht sofort mit Zitronensaft beträufelt werden, da es sich unter Lufteinwirkung sehr schnell verfärbt. Avocados sind sehr nahrhaft und enthalten u.a. Kalium, Kalzium, Eisen, Eiweiß, Vitamine und leicht verdauliches Pflanzenfett.

Blumenkohl gehört zur Kohlfamilie. Die bekannteste Sorte ist weiß, inzwischen gibt es aber auch violette und grüne Züchtungen, die sich aber geschmacklich vom weißen nicht unterscheiden.

Bohnen unterscheidet man nach dem Wuchs der Pflanzen in Busch- und Stangenbohnen. Brechbohnen sind gelbe oder grüne Buschbohnen. Auch die gelben Wachsbohnen gehören zur Familie der Brechbohnen. Grüne Bohnen gibt es sowohl von Busch- als auch von Stangenbohnen. Schnittbohnen sind breite und flachhülsige Stangenbohnen. Die Prinzeßbohne ist eine Buschbohne, die kleinsten und feinsten Böhnchen sind „Haricots verts". Die weißlichen Kerne der Puffbohne werden auch dicke Bohnen, Sau- oder Ackerbohnen genannt. Alle grüne Bohnensorten dürfen nicht roh verzehrt werden, da sie Giftstoffe enthalten, die sich jedoch beim Kochen, Blanchieren oder Dünsten verflüchtigen.

Brokkoli sind eng mit dem Blumenkohl verwandt, sind im Geschmack jedoch etwas kräftiger. Ernährungsphysiologisch gesehen sind Brokkoli dem Blumenkohl weit überlegen, sie enthalten sehr viel Vitamin C, Phosphor, Eisen, Kalium und Kalzium. Das Gemüse ist leicht verdaulich und für Schon- oder Diätkost geeignet.

Chicorée, eine Endivienart, sind kalorienarm und überdurchschnittlich reich an Mineralstoffen. Im Winter sind sie ein wichtiger Vitaminträger.

Erbsen gehören zu den nährstoffreichsten Gemüsen. Alle Erbsenarten, von der Mark- über die Schalerbse bis hin zur Zuckererbse oder -schote enthalten biologisch hochwertiges Eiweiß, Kohlenhydrate, Fett, Lezithin und Mineralsalze.

Grünkohl schmeckt angenehm würzig und süßlich-herb. Neben der Karotte liefert er am meisten Provitamin A. Darüber hinaus weist die Blattkohlart einen hohen Vitamin-C-Wert, wertvolles Eiweiß und Kohlenhydrate auf.

Gurken gehören zu den kalorienärmsten Gemüsearten, da sie hauptsächlich aus Wasser bestehen. Salatgurken schmecken roh, gedünstet und gefüllt. Schmorgurken sind, wenn sie im Spätsommer frisch geerntet werden, grün und fest. Wenn sie länger reifen, werden sie gelblich und weich und sind dann zum Einlegen geeignet.

Karotten (Möhren, gelbe Rüben) haben einen hohen Karotingehalt. Im Frühjahr werden vor allem Bundkarotten mit Grün verkauft. Im Sommer sind sogenannte Waschkarotten auf dem Markt, im Herbst und Winter gibt es Spät- oder Dauerkarotten. Karotten sollten Sie, gleich ob als Salat oder Gemüse, immer mit etwas Fett zubereiten, damit der Körper das Karotin besser aufnehmen kann.

Kartoffeln enthalten neben Stärke, Mineralstoffen und Wasser biologisch besonders wertvolles Eiweiß, weil die in ihnen enthaltenen

verschiedenen Aminosäuren ein dem menschlichen Eiweiß nahe kommendes Verhältnis zueinander aufweisen. Kartoffeln werden in festkochende (für Pell-, Brat- und Salzkartoffeln), vorwiegend festkochende (für Rösti und Gratins) und in mehligkochende Sorten (für Kartoffelbrei und -suppen, Knödel, Puffer und Folienkartoffeln) unterschieden.

Knollensellerie wirkt allgemein stärkend, blutreinigend, hustenmildernd und entwässernd. Er enthält Eisen und Kalzium. Stangen- oder Bleichsellerie ist zarter im Geschmack als Knollensellerie. Er eignet sich besonders für Rohkost.

Kohlrabi gehören zur Kohlfamilie. Die weißen und hellgrünen Knollen sind besonders zart im Geschmack, die blauvioletten Kohlrabi haben ein kräftiges Aroma. Kohlrabi schmeckt roh und gedünstet.

Lauch (Porree) gehört zur Zwiebelfamilie. Man bekommt ihn rund ums Jahr: im Frühjahr den zarten Lauch mit hellgrünem Laub und dünnem weißem Stengel, im Sommer mit langem weißem Schaft und grünem Laub sowie im Winter den stämmigen grünblauen Lauch.

Mangold wird in Stiel- und Blatt- oder Schnittmangold unterteilt. Beide Sorten bereitet man wie Spinat zu: die Stiele werden gehackt und dann gedünstet. Blattmangold sollte nicht länger als zwei Tage im Kühlschrank aufbewahrt werden. Stielmangold hält sich dagegen bis zu acht Tagen, wenn man ihn in feuchte Küchentücher einhüllt.

Meerrettich ist ein „Vitaminprotz“. Sein Vitamin-C-Gehalt ist doppelt so hoch wie der der Zitrone, darüber hinaus erhält er wertvolle ätherische Öle und viel Kalium. Verwenden Sie möglichst die frische Wurzel, die nach Bedarf frisch gerieben wird.

Paprikaschoten sind je nach Reifegrad grün, gelb, oder rot. Grüner Paprika ist noch nicht voll ausgereift und schmeckt deshalb leicht herb. Paprikaschoten sind wahre Vitamin-C-Bomben und übertreffen in dieser Beziehung auch jede Obstart.

Rosenkohl ist der zarteste Vertreter der Kohlfamilie. Er enthält viel Vitamin C, Vitamine der B-Gruppe und wichtige Mineralstoffe.

Rote Beten (Randen) sind mit der Zuckerrübe verwandt. Die roten Knollen sind außerordentlich nahrhaft und gesund.

Rotkohl (Blaukraut) hat feste, runde bis ovale Köpfe und ist besonders reich an Kalzium und Eisen. Haltbarkeit: etwa 10 Tage, im kühlen Keller bis zu 2 Monaten.

Schwarzwurzeln werden auch Winterspargel genannt. Das Fleisch ist weich und schmeckt herbwürzig.

Spargel hat nur wenig Kalorien, ist aber reich an Eiweiß, Kohlenhydraten und Mineralstoffen. Der grüne Spargel ist der vitaminreichste. Das Staudengemüse regt den Stoffwechsel an, wirkt blutreinigend und entschlackend.

Spinat schmeckt roh oder gedünstet und enthält lebenswichtige Mineralstoffe. Sein Eisengehalt ist aber nicht so hoch wie allgemein angenommen.

Tomaten sind ein wertvolles und gesundes Gemüse und regen die Tätigkeit von Magen, Bauchspeicheldrüse und Leber an.

Wirsing hat im Frühjahr und im Herbst Saison. Der Frühwirsing sieht hellgrün aus und schmeckt sehr fein. Der Herbstwirsing dagegen hat einen intensiven Kohlgeschmack und ist dunkelgrün oder gelblich.

Zucchini gehören zur Kürbisfamilie. Die hellgrünen Früchte kann man dünsten, braten, backen, einlegen, füllen oder roh essen. Sie schmecken ganz leicht nussig, sind leicht verdaulich und eine bekömmliche Kost.

Obst

Ananas enthalten frisch neben Eisen und Kalzium wichtige eiweißspaltende und verdauungsfördernde Fermente.

Äpfel sind besonders vitamin- und mineralreich und werden aufgrund ihrer darmregulierenden Wirkung auch als „medizinisches Obst“ bezeichnet. Der Vitamin-C-Gehalt schwankt je nach Sorte, als besonders ergiebig gelten hier die Sorten „Freiherr von Berlepsch“, „Maigold“ und „Ontario“.

Apfelsinen und **Orangen** beugen aufgrund ihres hohen Vitamin-C-Gehaltes Erkältungen vor. Darüber hinaus enthält das Fruchtfleisch zahlreiche Mineralstoffe.

Aprikosen haben ein feines, säuerliches Aroma und ein festes, manchmal leicht mehliges Fruchtfleisch. Das Steinobst schmeckt roh oder als Kompott.

Bananen sind gesundheitlich sehr wertvoll. Sie enthalten wichtige Mineralstoffe, Vitamine und Ballaststoffe. Sie sind leicht verdaulich und für Roh- und Diätkost geeignet.

Birnen sind meist sehr saftig und haben eine entwässernde Wirkung.

Brombeeren enthalten außergewöhnlich viel Karotin und sollten daher während der Saison in keinem Müsli oder Obstsalat fehlen.

Datteln haben einen hohen Nährwert und werden als Magen und Darm nicht belastende Energiespender geschätzt.

Erdbeeren sind wichtige Mineralstoff- und Eisenlieferanten.

Feigen wirken als Rohkost verdauungsfördernd und sind reich an Fruchtzucker, Provitamin A und Mineralstoffen. Bei frischen Feigen wird das Fruchtfleisch aus den Schalen gelöffelt, getrocknete Feigen kann man mitsamt der Schale verzehren.

Grapefruits sind ausgesprochen gesund. Das Fruchtfleisch wirkt appetitanregend, verdauungsfördernd und darmreinigend. Mit Honig gesüßt, wirkt Grapefruitsaft vorbeugend gegen Erkältungen.

Heidelbeeren (Blaubeeren) enthalten wertvolle Äpfel- Zitronen und andere Fruchtsäuren. Getrocknete Beeren sind ein traditionelles Heilmittel gegen Durchfall.

Himbeeren gehören zu den aromatischsten Beeren und haben einen hohen Vitamin-B-Gehalt.

Johannisbeeren können rot, schwarz oder weiß sein. Rote Johannisbeeren sind sehr säurehaltig und liefern wichtige Ballaststoffe, schwarze Johannisbeeren haben einen hohen Vitamin-C-Gehalt.

Kirschen sind reich an Phosphor, Eisen und Vitaminen.

Kiwis sind außerordentliche Fitmacher. Das Fruchtfleisch enthält sehr viel Vitamin E und Kalium und wirkt cholesterinabbauend.

Mangos enthalten Kalzium und Eisen, wirken verdauungsfördernd und sind als Baby- und Krankenkost vorzüglich geeignet. In gut sortierten Obstgeschäften sind sie das ganze Jahr über erhältlich.

Melonen werden in Netz- oder Honig-, Kantalup- und Wassermelonen unterschieden. Die erstgenannten haben aprikosenfarbenes oder rotes Fruchtfleisch und schmecken süß und aromatisch. Wassermelonen haben rosafarbenes bis tiefrotes Fruchtfleisch. Melonen enthalten Zucker, Phosphor und Kalzium.

Papayas sind wertvolle, äußerst vielseitig verwendbare Früchte. Die rotfleischigen Früchte schmecken besser als die gelben. Das Fruchtfleisch ist reich an Vitaminen und schmeckt sowohl gedünstet und als auch roh.

Pflaumen haben eine die Darmtätigkeit fördernde und abführende Wirkung. Trockenpflaumen sind extrem natriumarm und eignen sich daher gut als Diätfrüchte.

Weintrauben sind reich an Traubenzucker sowie Mineralstoffen und wirken entschlackend. Es werden blaue, gelbe und grüne Tafeltrauben angeboten, außerdem die Datteltrauben mit großen Beeren und fester Schale und die weißen und blauen Muskattrauben.

Zitronen haben einen hohen gesundheitlichen Wert. Ihr Saft wirkt bakterientötend, fiebersenkend und wirkt bei Vitamin-C-Mangelerscheinungen. Die Schale wird gerieben zum Aromatisieren von Speisen verwendet.

Getreide und Getreideprodukte

Getreide zählt zu den wertvollsten Nahrungsmitteln, die es gibt. Es enthält hochwertiges pflanzliches Eiweiß, Fette, Kohlenhydrate, Ballaststoffe, Vitamine (vor allem der B-Gruppe) und viele Mineralstoffe. Alle diese lebenswichtigen Bausteine sind in den äußeren Randschichten und im Keim des Getreidekornes.

Buchweizen ist eigentlich kein Getreide, sondern ein Knöterichgewächs. In der Küche wird es jedoch wie Getreide verarbeitet. Da die harten Fruchtschalen entfernt werden müssen, gibt es kein den Brotgetreidearten vergleichbares Buchweizen-Vollkorn-Erzeugnis. Die dreikantigen Samen haben einen nußartigen Geschmack. Im Handel ist Buchweizen ganz, geschrotet, gemahlen oder als Flocken erhältlich.

Dinkel gehört zur Weizenfamilie, ist jedoch leichter verdaulich als Weizen. Da Dinkel wie Weizen einen hohen Kleberanteil hat, eignet er sich hervorragend zum Backen.

Gerste wird als Spelz- und Sprießkorngerste (Nacktgerste) angebaut. Die geschälten Gerstenkörner nennt man Graupen und Perlgraupen. Als Rollgerste sind sehr grobe Graupen im Handel.

Grieß wird aus Weizen oder Mais durch Vermahlen des Mehlkörperanteils gewonnen. Weizen- und Maisgrieß wird zur Zubereitung von Suppen, Breien, Polenta und Teigwaren verwendet.

Grünkern nennt man die unreif geernteten Körner des Dinkels, die gekocht leicht würzig schmecken.

Hafer ist die vollwertigste und fettreichste Getreidesorte und hat ein würziges, leicht nußartiges Aroma. Die länglichen Körner des Sprießkornhafers (Nackthafers) schmecken gekeimt und gekocht. Beim Backen muß Hafermehl mit Weizenmehl gemischt werden, da Hafer kein Klebereiweiß besitzt. Geschroteter Hafer wird schnell ranzig und ist daher nicht lagerfähig. Die großen kernigen Haferflocken werden aus dem ganzen Korn gewalzt. Als Grundlage für die zarten Flocken dienen die geschnittenen Haferkörner (Grütze), für die löslichen, schmelzenden Flocken das Hafervollkornmehl.

Hirse ist ein Sammelbegriff für verschiedene Getreidepflanzen mit kleinen, runden Körnern. Hirse besitzt einen hohen Mineralstoffgehalt und ist besonders reich an Eisen, Kalzium, Silicium, Fluor und Zink. Sie ist leicht verdaulich und muß vor dem Garen nicht eingeweicht werden. Hirse quillt beim Kochen sehr stark.

Mais enthält als einzige Getreideart größere Mengen an Karotin, der Vorstufe von Vitamin A. Aus den Keimen wird das hochwertige Maiskeimöl gewonnen. In Spezialmühlen werden die Keime von den Körnern

schonend abgetrennt und diese zu Maismehl, Maisgrieß sowie Maisgrütze verarbeitet. Daneben werden die Maiskolben des frischen Zuckermais auch als Gemüse verwendet.

Mehle gibt es in unterschiedlichster Form. Die Körner nahezu aller Getreidearten wie Weizen, Roggen, Gerste, Mais und Reis können zu Mehl gemahlen werden. Nach dem Mahlgrad unterscheidet man Auszugs- und Dunstmehl, Grieß und Schrot. Diese werden in „Typen" eingeteilt. Die Typen geben jeweils an, wieviel mg an Mineralstoffen in 100 g Auszugs- und Dunstmehl, Grieß und Schrot enthalten sind. In 100 g Weizenvollkornmehl mit der Type 1700 stecken also 1700 mg Mineralstoffe. 100 g von Weizenauszugsmehl, dem üblichen weißen Haushaltsmehl, enthalten dagegen nur noch 405 mg. Generell gilt: Je niedriger die Type, desto ärmer an Mineralstoffen ist das Mehl. Die Schalenanteile, die in Mehlen mit hohen Typenbezeichnungen enthalten sind, erhöhen den Eigengeschmack des Mehls. Wenn zum Backen eine besonders leichte, feine Teigmasse benötigt wird, setzt man dem Mehl oft Speisestärke hinzu. Sie mindert die Wirkung des Klebers. Speisestärke wird aus Weizen, Kartoffeln, Mais oder Reis gewonnen. Es gibt sowohl fein- als auch grobkörnige Stärke.

Reis gibt es in mehreren Varianten: Langkornreis hat längliche, glasige Körner und bleibt beim Kochen körnig. Rundkornreis (Milchreis) gibt beim Kochen Stärke ab und ist deshalb ideal für Süßspeisen und Risotto. Mittelkornreis ist länglich, etwas dicker als Langkornreis und hat die gleichen Kocheigenschaften wie Rundkornreis. Naturreis, auch Vollkornreis genannt, ist zwar enthülst, besitzt aber noch die Silberhaut und den Keimling mit wertvollen Nährstoffen. Wilder Reis wird nur in geringen Mengen per Hand geerntet und schmeckt aromatisch.

Roggen hat einen hohen Ballaststoffanteil und ist hierzulande das typische Brotgetreide. Roggen läßt sich wie Weizen verwenden, geschrotet oder im Ganzen gekeimt.

Weizen steht im Weltgetreideverbrauch an erster Stelle. Hartweizen wird vor allem zur Herstellung von Teigwaren und Grieß verwendet. Weichweizen wird aufgrund seiner guten Backfähigkeit zur Zubereitung von Brot und Gebäck genutzt. Weizenkeime werden zu Flocken verarbeitet oder dienen der Gewinnung von Weizenkeimöl. Weizenkleie besteht hauptsächlich aus den Randschichten des Getreidekorns. Weizenkleie ist reich an Ballaststoffen und enthält Eiweiß, Vitamine und Mineralstoffe.

Kochen von Getreide

Bei Weizen, Roggen und Nacktgerste müssen die Körner vor dem Kochen 8 bis 10 Stunden eingeweicht werden. Die Getreidekörner werden dann mit etwa der doppelten Menge Wasser aufgekocht und anschließend im verschlossenen Topf bei nur geringer Hitzezufuhr gegart. Die Garzeit ist je nach Getreideart unterschiedlich.

Hülsenfrüchte

Als Hülsenfrüchte bezeichnet man die reifen, luftgetrockneten Samen der Hülsenfrüchtler, also Erbsen, Bohnen, Linsen und andere. Wie kein anderes Nahrungsmittel versorgen sie uns mit wertvollem pflanzlichen Eiweiß, mit Mineral- und Ballaststoffen sowie mit Vitaminen. Da der Körper die in Hülsenfrüchten enthaltenen Kohlenhydrate nur langsam verdaut und sie allmählich als Zucker ins Blut gelangen, sind sie vor allem für Diabetiker zu empfehlen.

Bohnen gibt es weltweit in etwa 500 verschiedenen Sorten. Am bekanntesten ist die Garten- oder Stangenbohne, von der nicht nur die Samen, sondern auch die Schoten gegessen werden. Sogenannte Trockenbohnen oder Speisekochbohnen sind wegen ihrer harten Schale und der Zähigkeit der Hülsen nicht für die Frischzubereitung geeignet. Sie finden vor allem in Eintöpfen Verwendung.

Augenbohnen oder Chinabohnen sind hell mit einem schwarzen Punkt und ideale Eintopfbohnen.

Kidneybohnen oder rote Bohnen haben eine braune bis dunkelrote Farbe. Sie weisen eine mehlige Konsistenz auf und haben einen süßlichen Geschmack.

Mungobohnen schmecken süßlich und geben vor allem Suppen und Eintöpfen einen besonderen Pfiff.

Pferdebohnen oder dicke Bohnen fallen durch ihre flache Form auf. Sie sind ideal für Suppen, Salate und Pürees.

Schwarze Bohnen sind rundlich, ziemlich hart und schmecken ein wenig süßlich.

Sojabohnen enthalten besonders viel hochwertiges Eiweiß und Fett. Sie können gelb, grün, braun, schwarz oder gesprenkelt sein. Im Handel sind zahlreiche Sojaprodukte erhältlich: Sojasauce wird aus ganzen Sojabohnen durch Vergären hergestellt. Abgesehen von natürlicher Sojasauce (Tamari) enthält das Produkt Zusätze wie Farbstoffe, Maissirup, Kochsalz und Konservierungsstoffe. Sojaflocken entstehen aus gerösteten, in Walzenmühlen flach gepreßten und klein geschnittenen Sojabohnen.

Weiße Bohnen sind fester Bestandteil vieler klassischer Eintöpfe, da sie beim Kochen sämig werden.

Erbsen gibt es in etwa 250 verschiedenen Sorten; sie sind meist als Pal-, Schäl-, oder Rollerbsen bekannt und werden halbreif (grün), reif (gelb), ungeschält oder geschält angeboten. Geschälte Erbsen sind leichter verdaulich und werden schneller gar als ungeschälte. Sie schmecken auch süßlicher und werden beim Kochen sämiger.

Grüne Erbsen werden als Gemüse verwendet, gelbe Erbsen für Eintopf, Püree oder Suppen.

Splittererbsen sind eine preiswerte Alternative zu geschälten Erbsen. Das sind Erbsen, die beim Schälen zerfallen und aussortiert werden.

Kichererbsen schmecken nußartig, sind sehr knackig und ideal als Gemüsebeilage.

Linsen werden nach ihrer Größe eingeteilt in Riesen-, Teller- oder Heller-, Mittel-, Zuckerlinsen und kleine Linsen. Am aromatischsten sind die kleinen Linsen. Neben Erbsen sind Linsen die einzigen Hülsenfrüchte, die Sie nicht vorweichen müssen.

Braune und gelbe Linsen werden meist für Eintöpfe verwendet.

Puy-Linsen haben einen ausgeprägten Eigengeschmack. Sie sind schwarz-grün gesprenkelt und haben eine feste Schale.

Rote Linsen kommen aus Südfrankreich oder aus dem Orient. Sie zerkochen leicht und eignen sich deshalb hervorragend für Pürees.

Zuckerlinsen heißen die kleinsten, dickbauchigen Linsen. Durch ihren hohen Schalenanteil besitzen sie das beste Aroma.

Sprossen

Knackige Keime und Sprossen sind hochwertige Nahrungsmittel, die man aus Samen von Getreide, Ölsaaten und Hülsenfrüchten selber ziehen oder fertig gekeimt kaufen kann. In den kleinen Samenkörnern steckt geballte natürliche Kraft.

Adzukibohnensprossen schmecken süßlich und leicht nußartig. Sie werden für Salate, Aufläufe, Suppen, Füllungen und chinesische Gerichte verwendet.

Alfalfasprossen sind die Sprossen der Luzerne, einer Kleeart. Beim Keimen wachsen die Sprossen etwas zusammen, daher sollte man sie vor der Verwendung leicht auseinanderzupfen. Sie passen zu Suppen und Salaten.

Erbsensprossen schmecken süßlich und erinnern an junge Gartenerbsen. Erbsensprossen sind gute Vitaminlieferanten und enthalten viele Mineralstoffe wie beispielsweise Kalium, Kalzium, Natrium, Eisen und Mangan.

Gerstensprossen schmecken auffallend süß. Aus diesem Grund eignen sie sich pur hervorragend zum Überstreuen von Salaten.

Linsensprossen enthalten reichlich Eiweiß, schmecken süß und leicht nußartig. Sie eignen sich als Beilage zu Dips und zu Pilzgerichten.

Mungobohnensprossen schmecken knackig frisch wie junge Erbsen und leicht süßlich. Sie sind mineralstoffreich und passen zu Salaten, als Brotbelag und zu Kartoffelgerichten.

Rettichsprossen sind die gekeimte Rettichsaat. Je nach Rettichsorte ist der Geschmack der Sprosse oder des Rettichgrüns scharf oder mild. Rettichsprossen eignen sich als Salatgewürz und passen gut zu Eiergerichten.

Sojabohnensprossen werden aus grünen Sojabohnen gezogen. Sie schmecken knackig-frisch. Vor dem Verzehr müssen sie blanchiert werden.

Sonnenblumensprossen sind die gekeimten Kerne der Sonnenblume. Mit ihrem nußartigen Geschmack verfeinern sie Salate, Pfannkuchenfüllungen und Müslis. Sonnenblumensprossen verderben sehr schnell.

Weizensprossen sind gekeimte Weizenkörner und haben wie alle Getreidesprossen einen süßlichen Geschmack, der gut mit süßen und pikanten Salatzutaten harmoniert.

Sprossen selber ziehen

Hierfür benötigen Sie ein Einmachglas, etwas Mulltuch und Saatgut, das speziell für die Sprossenzucht ausgewählt wurde, denn so können Sie sicher sein, daß die Samen unbehandelt und keimfähig sind. Saatgut ist in Reformhäusern erhältlich.

1. Die Samen auf einem Sieb mit lauwarmem Wasser abspülen, Schmutzteile entfernen und die Samen im Einmachglas einweichen (Foto 1). Die Einweichzeit hängt von der Sorte ab.
2. Das Einweichwasser abgießen, die Samen gut durchspülen und abtropfen lassen (Foto 2).

Foto 1

Foto 2

Foto 3

3. Das Einmachglas an einen warmen, hellen Ort stellen. Die Samen jeden Tag ein- bis zweimal durchspülen (Foto 3). Samen dürfen nicht im Wasser stehen, sonst verschimmeln die Keime. Die Sprossen sind nach 2 bis 6 Tagen erntereif.

Nüsse und Samen

Zu den Nüssen werden allgemein auch verschiedene Früchte gezählt, die botanisch gesehen keine Nüsse sind, Ihnen aber von Aussehen und Geschmack ähneln. Die Erdnuß beispielsweise gehört zu den Hülsenfrüchten, die Muskatnuß zu den Beerenfrüchten. Walnüsse, Kokosnüsse und Pistazien sind Steinfrüchte. Für die entstehende Pflanze enthalten die Samen wertvolle Nährstoffe, die auch für die menschliche Ernährung günstig sind. Hierzu zählen Eiweiß, Fett mit der essentiellen Fettsäure Linolsäure, Mineralstoffe, Vitamine und besonders Vitamin E, A, B1, B2 und Ballaststoffe.

Nüsse sollten Sie möglichst mit Schale kaufen und erst bei Bedarf schälen, da sie durch die Schale vor Schädlingsbefall, Ranzigwerden und Zerstörung sauerstoffempfindlicher Vitamine geschützt sind. Geschält angebotene Nüsse sind meist mit Salz oder chemischen Mitteln konserviert. Gehackte oder gemahlene Produkte sind besonders leicht verderblich. Nüsse bewahren Sie am besten kühl, dunkel, trocken und in verschlossenen Behältern auf. Sie können auch eingefroren werden.

Nüsse eigenen sich als Zutaten unter anderem für Müsli, Desserts, Salate und Gebäck. Dabei ist zu beachten, daß die Inhaltsstoffe durch Hitzeeinwirkung leiden, also auch beim Rösten. Manche Nüsse und Mandeln müssen Sie vor der Verwendung nicht nur von der Schale, sondern auch von der darunter liegenden Haut befreien. Diese Arbeit fällt leichter, wenn Sie die Nüsse oder Mandeln vor dem Häuten für 2 bis 3 Minuten in kochendes Wasser legen.

Nüsse

Cashewkerne sind süß und mandelartig im Geschmack. Sie passen zu Kuchen und Süßspeisen, sind aber auch geröstet und gesalzen erhältlich und verfeinern dann asiatische Gerichte. Ferner dienen Sie zur Herstellung von Nußbutter. Da sich unter den Schalen ein gefährliches Gift befindet, werden sie nur geschält verkauft.

Erdmandeln sind zwar nicht mit der Mandel verwandt, ähneln ihr jedoch im Geschmack. Sie können sie für Süßspeisen und Kleingebäck verwenden.

Erdnüsse sind wichtige Öllieferanten. Sie dienen unter anderem zur Herstellung von Erdnußbutter und Erdnußöl. Sie passen zu Reis, Salaten, Gebäck, Süßspeisen und geröstet zu vielen pikanten Gerichten.

Haselnüsse haben einen süß schmeckenden Kern und sind vielseitig verwendbar für Müsli, Salate, Gebäck, Teigwaren, Reisgerichte und Konfekt.

Kokosnüsse sind die größten unter den Nüssen, und ihr Fett ist reich an gesättigten Fettsäuren. Ihr Fruchtfleisch kann frisch verzehrt werden. Die Industrie gewinnt daraus Kokosbutter und Kokosöl. Achten Sie beim Kauf darauf, daß die Kokosnuß noch Kokoswasser (Schütteltest) enthält. Wenn sich das Kokoswasser bereits verfestigt hat, ist das Fruchtfleisch ungenießbar.

Kürbiskerne können Sie roh oder geröstet essen. Sie sollten im Kühlschrank aufbewahrt werden. Sie passen sowohl zu süßen als auch zu pikanten Gerichten.

Macadamia- oder **Queenslandnüsse** haben ein weißes, festes Fruchtfleisch und sind aufgrund ihres hohen Fettgehalts leicht verderblich. Sie können Sie entweder für Obstsalate und Süßspeisen verwenden oder geröstet und gesalzen verzehren.

Mandeln werden Heilkräfte nachgesagt. Es gibt bittere und süße Mandeln. Bittere Mandeln enthalten Blausäure und dürfen nur erhitzt verzehrt werden. Mandeln dienen der Herstellung von Mandelmilch und als Beigabe zu Gebäck, Müsli, Salaten, Konfekt und Süßspeisen. Sie sind geschält, fein gerieben oder ganz im Handel erhältlich.

Maronen (Eßkastanien) enthalten weniger Fett und mehr Stärke als andere Nüsse. Sie sind geröstet, gekocht oder gedämpft sehr aromatisch und werden für süße oder pikante Speisen verwendet.

Paranüsse sollten nur frisch verwendet werden, da sie aufgrund ihres hohen Fettgehalts schnell verderben. Die Kerne schmecken leicht mandelartig und sind sehr nährstoffhaltig. Sie eignen sich zum Backen, für Süßspeisen und zum Knabbern.

Pekanüsse sind mit der Walnuß verwandt, aber länglicher, ohne Furchen und im Geschmack milder. Sie passen zu Müsli, Salaten und Süßspeisen, sind jedoch bei uns selten erhältlich.

Pinienkerne enthalten viel Eiweiß und sind verhältnismäßig teuer. Sie

schmecken leicht süß-säuerlich. Man kann sie Süßspeisen, Reisgerichten, Salaten, Saucen und pikanten Füllungen beigeben.

Pistazien zählen sicherlich zu den teuersten Nüssen. Im Orient und in den Ländern Südeuropas werden sie oft roh gegessen. In unseren Breiten genießt man sie geröstet und gesalzen oder überbrüht und fein gehackt in Süßspeisen und Feingebäck.

Sonnenblumenkerne besitzen reichlich Eiweiß und Eisen. Sie werden zum Backen, als Beigabe zu Müsli, Vollwertgerichten oder zum Knabbern verwendet. Sonnenblumenkerne sollten Sie im Kühlschrank aufbewahren.

Walnüsse sind wie Haselnüsse sehr beliebt und finden ähnliche Verwendung wie diese, nämlich in Müsli, Salaten, Süßspeisen und beim Backen.

Samen

Bockshornkleesamen können Sie geröstet oder gekeimt verzehren. Sie enthalten relativ viel Vitamin A und C sowie Eisen und finden sich in vielen Currymischungen.

Leinsamen enthält viele ungesättigte Fettsäuren und fördert die Darmentleerung. Man verwendet ihn ganz oder geschrotet zu Müsli, Backwaren, Salaten, Getreidegerichten und Eintöpfen.

Mohn ist reich an Eiweiß und Fett. Die schwarzblauen Samen werden bei der Verarbeitung von Gebäck und Süßwaren oder als Füllung verwendet.

Sesam kann man ungeschält zu Müsli, Salaten, Gebäck und Süßspeisen verwenden, er wird auch mit Getreide und Hülsenfrüchten kombiniert.

Milchprodukte, Eier und Käse

Milchprodukte

Rohmilch (Vorzugsmilch) ist die Milch, die der Bauer an die Molkerei liefert. Sie wird roh, das heißt weder erhitzt, noch homogenisiert verkauft und hat noch ihren natürlichen Nähr- und Fettgehalt. Rohmilch ist im Kühlschrank nur 1 bis 2 Tage haltbar.

Pasteurisierte Vollmilch ist in der Molkerei kurz erhitzt worden, damit eventuelle Krankheitserreger vernichtet werden. Durch die Homogenisierung wird das Milchfett fein verteilt. Pasteurisierte Vollmilch gibt es mit dem Fettgehalt von 3,5 bis 4 %, hält sich im Kühlschrank etwa 1 Woche.

H-Milch ist ultrahocherhitze Milch, keimfrei und ungeöffnet bis zu 6 Wochen haltbar. Es gibt sie als Vollmilch, fettarm und fettfrei.

Kondensmilch entsteht, wenn man der Milch durch Verdampfen Wasser entzieht. Sie wird mit einem Fettgehalt von 1 %, mit 4 bis 4,5 %, 7,5 bis 10 % und mindestens 15 % bei Kaffeesahne angeboten. Sie ist ohne Kühlung 1 Jahr haltbar.

Dickmilch entsteht wie alle anderen „sauren" Milchprodukte aus Trinkmilch, der spezielle Milchsäurebakterien zugesetzt wurden. Sie wird im Handel mit 3,5 % Fett, fettarm und in der Magerstufe angeboten.

Buttermilch schmeckt säuerlich und kann bis zu 10 % Wasser oder bis zu 15 % entrahmte Milch oder Magermilchpulver enthalten. „Reine Buttermilch" muß dagegen unverändert bleiben. Beide Arten dürfen maximal 1% Fett enthalten.

Joghurt gibt es in den gleichen Fettstufen wie Milch, er wird natur oder mit verschiedenen Fruchtzusätzen angeboten.

Biojoghurt oder Sanoghurt wird mit anderen Bakterienkulturen hergestellt als Joghurt. Er zeichnet sich durch einen milden Geschmack aus.

Kefir wird aus Frischmilch unter Zusatz spezieller Kefirpilzkulturen hergestellt. Er enthält geringe Mengen an Kohlensäure und wenig Alkohol.

Schlagsahne (Schlagrahm) hat einen Fettgehalt von mindestens 30 % und wird durch Schlagen mit dem Handrührgerät steif.

Saure Sahne (Sauerrahm) ist frische, mit Milchsäurebakterien versetzte Sahne. Ihr Fettgehalt schwankt zwischen 10 und 28 %.

Schmand heißt der löffelfeste Sauerrahm mit mindestens 20 % Fett.

Crème fraîche ist ein Sauerrahm mit mindestens 30 % Fett. Es gibt ihn natur, mit Kräutern, mit Knoblauch und mit Meerrettich.

Crème double ist eine löffelfeste, süße Sahne mit einem Fettgehalt von mindestens 42 %.

Eier

Sie werden nach Güte- und Gewichtsklassen sortiert. Die Farbe der Schale ist kein Qualitätsmerkmal, sondern lediglich von der Hühnerrasse abhängig. Im Idealfall können Sie ihre Eier direkt beim Bauern kaufen. Wenn Sie diese Möglichkeit nicht haben, dienen Ihnen folgende Definitionen als Richtlinien:
Güteklasse A: Das Ei ist frisch, hat eine saubere, unverletzte Schale und eine kleine Luftkammer. Das Eiweiß ist klar, durchsichtig und dickflüssig.
Güteklasse B: Eier zweiter Wahl. Sie tragen einen roten Stempel.
Güteklasse C: Diese Eier werden fast ausschließlich in der Lebensmittelindustrie verarbeitet.
Güteklasse Extra: Die Eier sind nicht älter als 7 Tage, die Luftkammer ist beim Durchleuchten der Eischale kaum sichtbar.
Nach Gewichtsklassen werden Eier so eingeteilt, daß in Klasse 1 die schwersten (70 g und mehr) und Klasse 7 die leichtesten (unter 45 g) zu finden sind.

Käse

Wird nach seiner Streich- oder Schnittkonsistenz unterteilt, also in Frischkäse, Weichkäse, halbfesten Schnittkäse, Schnittkäse und Hartkäse. Weltweit soll es etwa 3000 verschiedene Sorten geben, hier sind nur diese vorgestellt, die sich zum Backen, Überbacken und Kochen gut eignen. Die Angabe „Fett i.Tr." bezieht sich auf den Fettanteil der Trockenmasse, das bedeutet, die jeweilige Prozentangabe bezeichnet den verbleibenden Fettanteil, wenn dem Käse sämtliche Feuchtigkeit entzogen ist. Je fester eine Käse ist, desto höher ist seine Trockenmasse.

Beaufort ist ein französischer Hartkäse mit 50 % Fett i.Tr. Er schmilzt sehr gut, ist daher ideal zum Überbacken.

Cantal, ein französischer Hartkäse mit 45 % Fett i.Tr., schmeckt leicht bitter und schmilzt hervorragend.

Edelpilzkäse ist ein halbfester Schnittkäse mit blauem Innenschimmel. Diese Sorten werden aus Kuhmilch, aus Schafsmilch oder aus einer Milchmischung hergestellt. Ideal zum Würzen von Saucen.

Emmentaler ist ein Rohmilchkäse mit mindestens 45 % i.Tr., den man gut zum Überbacken verwenden kann.

Fontina ist ein italienischer Schnittkäse und kommt aus dem Aostatal. Er hat 45 % Fett i.Tr. und wird gerne in Saucen verarbeitet.

Greyerzer (Gruyere) ist ein Hartkäse (45 % Fett i.Tr.) aus der Schweiz. Er schmeckt pikant und ist ideal zum Überbacken und zum Würzen.

Mozzarella wird aus Kuh- oder Büffelmilch hergestellt und handgeformt. Der Frischkäse hat einen Fettgehalt von 40 % Fett i.Tr. und ist für Pizza und Pasta geradezu ideal.

Parmesan ist ein Hartkäse aus Italien, der sehr gut zum Reiben geeignet ist. Er schmilzt schlecht und wird daher lediglich zum Bestreuen von Gerichten verwendet.

Pecorino, ein italienischer Hartkäse, wird vorwiegend aus Schafsmilch hergestellt. Er ist mit und ohne Pfeffer im Angebot (45 % Fett i.Tr.) und ist ideal zum Reiben und Hobeln.

Provolone ist ebenfalls ein typischer italienischer Reibekäse. Er hat einen Fettgehalt von 45 % Fett i.Tr.

Sbrinz, ein Hartkäse aus roher Kuhmilch, hat 45 % Fett i.Tr. Er läßt sich hobeln, schneiden und reiben und schmilzt gut.

Schichtkäse besteht aus fettarmen und fettreichen Schichten. Er ähnelt dem Quark, ist aber im Geschmack etwa saurer. Ideal für Desserts.

Speisequark (Topfen) ist ein Frischkäse, der in unterschiedlichen Fettstufen, vom Magerquark bis zum Sahnequark mit 60 % Fett i.Tr. im Handel ist.

Kräuter und Gewürze

Kräuter und Gewürze sind aus einer gesunden, abwechslungsreichen Küche nicht wegzudenken. Freilandkräuter sind kräftiger in der Farbe und im Geschmack und reicher an Vitaminen und Mineralstoffen als Treibhausware.

Kräuter

Basilikum hat einen sehr intensiven, würzigen Geschmack. Fein gehackt, würzt es Saucen aller Art.

Estragon braucht viel Sonne, um sein Aroma zu entwickeln. Er verleiht Saucen und Salaten die würzige Note. Verwendet werden nur die Blätter.

Knoblauch würzt viele Gerichte, und seine Heilkraft ist bekannt. Damit er sich ganz in der Speise verteilen kann, sollten Sie die geschälten Zehen vor dem Garen im Mörser zusammen mit Salz zerreiben.

Majoran schmeckt getrocknet genauso intensiv wie frisch. Er wirkt krampflösend und verdauungsfördernd, sollte aber nur sparsam verwendet werden.

Minze hat einen kräftigen, frischen Geschmack. Sie findet hauptsächlich in der Süßspeisenküche Verwendung, doch auch in Salaten ist sie eine Delikatesse.

Oregano (wilder Majoran) ist schärfer als Majoran, deshalb sparsam verwenden.

Petersilie wirkt verdauungsfördernd, appetitanregend und harntreibend. Die glattblättrige Petersilie ist geschmacksintensiver als die krause. Sie wirkt wohltuend bei Magenbeschwerden.

Pimpinelle hat einen leicht gurkenähnlichen Geschmack. Die feingezahnten Blättchen passen gut zu Quark- und Eierspeisen, zu Gemüse und Salaten.

Rosmarin ist ein typisches Kraut aus dem Mittelmeerraum. Seine aromatisch-pikante Würze entwickelt es am besten, wenn es längere Zeit mitgeschmort wird.

Salbei hat sehr würzige, leicht herb schmeckende Blätter. Er wird entweder in ganzen Blättern oder fein geschnitten, aber immer sparsam verwendet.

Schnittlauch ist neben Petersilie das am häufigsten verwendete Kraut. Sein Aroma ist mild und würzig, er schmeckt zu Quark, Eiern, Gemüse- und Kartoffelgerichten. Fein schneiden und niemals mitkochen!

Thymian macht fette Speisen bekömmlicher. Er schmeckt sehr aromatisch und würzig und sollte daher sparsam verwendet werden.

Zitronenmelisse hat ein zitronenartiges Aroma. Die fein gehackten Blätter schmecken in Salaten, Suppen und Saucen, aber auch in Süßspeisen.

Gewürze

Anis verhindert Blähungen. Sparsam dosiert würzt es Apfelkompott, Obstsalate und Gemüsegerichte.

Cayennepfeffer ist das Pulver aus den kleinen, sehr scharfen Chilischoten (Chilies). Seine Schärfe regt den Kreislauf an.

Curry ist eine Gewürzmischung aus dem Orient. Je nach Landesteil, Hersteller und Herkunft variiert der Geschmack. Es paßt zu Reisgerichten, Suppen und Saucen.

Ingwer schmeckt leicht scharf und ist ein hervorragendes Magenmittel, das die Verdauungsdrüsen leicht reizt und damit zur besseren Magensaftproduktion anregt. Es gibt ihn frisch, getrocknet, kandiert und im Sirup. Verwenden Sie möglichst die frische Ingwerwurzel, die geschält und gerieben werden muß.

Kapern sind salzig oder sauer eingelegte Knospen des Kapernstrauches.

Kardamom gibt es ganz oder gemahlen. Es wirkt appetitanregend und würzt Suppen, Aufläufe und Kompott.

Koriander, das typische Pfeffer- und Honigkuchengewürz, ist für fernöstliche Gerichte unverzichtbar. Er wirkt verdauungsfördernd und antiseptisch.

Kreuzkümmel ähnelt im Aussehen dem Kümmel, schmeckt aber etwas schärfer. Ganz oder gemahlen würzt er viele Gerichte.

Kümmel hat einen herben, würzigen Geschmack und macht viele Gerichte bekömmlicher. Sie sollten ihn jedoch nur mit Salz und Pfeffer kombinieren, da er nicht zu anderen stark aromatischen Gewürzen paßt.

Kurkuma ist eine Verwandte des Ingwers. Sie gibt Curry die gelbe Farbe und paßt zu allem Exotischen. Kurkuma verringert das Wachstum von Krankheitserregern im Darm.

Lorbeerblätter sind herb und bitter, deshalb wird immer nur ein Blatt mitgekocht und vor dem Servieren wieder entfernt.

Muskatnuß ist ein vielseitig verwendbares Gewürz. Es sollte frisch gerieben und nur in geringen Mengen verwendet werden.

Paprika gibt es in verschiedenen Schärfegraden: Delikateßpaprika (sehr mild), Edelsüßpaprika (mild) und Rosenpaprika (sehr scharf). Paprika darf man nie ins heiße Fett geben, da er dann bitter wird. Sein volles Aroma entwickelt er wenn er mitgekocht wird.

Pfeffer entwickelt nur frisch gemahlen seine Würzkraft. Weißer Pfeffer wird aus vollreifen Früchten hergestellt und schmeckt mild und aromatisch. Die unreifen Früchte werden entweder in Salz und Essig eingelegt (grüner Pfeffer), oder an der Sonne getrocknet (schwarzer Pfeffer).

Safran gibt es in Fädchen oder gemahlen zu kaufen. Er schmeckt mild und färbt intensiv gelb. Ihm wird eine positive Wirkung auf Magen und Darm zugeschrieben.

Vanilleschoten sind ein typisches Süßspeisengewürz. Der Aromastoff Vanillin wird auch industriell hergestellt.

Wacholderbeeren würzen alle Arten von Beizen, Marinaden, Sud, Suppen, Saucen sowie Sauerkraut. Sie wirken leicht harnteibend, regen die Galle an und fördern die Bildung von Verdauungssäften.

Zimt gibt es als ganze Stange (Kaneel) oder gemahlen. Er ist rotbraun, kräftig-würzig und leicht herb im Geschmack. Er paßt zu Kuchen und Desserts, aber auch zu Reisgerichten.

Fette, Öle und Süßungsmittel

Fette

Butter wird aus süßem oder gesäuertem Rahm hergestellt. Süßrahmbutter hat einen milderen, Sauerrahmbutter einen frischen, aromatischen, leicht nußartigen Geschmack. Butter ohne besondere Bezeichnung liegt im Geschmack zwischen den beiden Buttersorten.

Butterschmalz (Butterfett) besteht nur aus Fett, da Eiweiß und Wasser entzogen werden. Im Gegensatz zu Butter kann es hoch erhitzt werden. Es eignet sich zum Braten, Backen, Kochen und Fritieren. Milchhalbfett enthält bis zu 41 % Milchfett (aus Butter oder Sahne), und bis zu 57 % Wasser.

Margarine besteht aus Mischungen pflanzlicher und tierischer Fette. Der Anteil an ungesättigten Fettsäuren ist gering.

Öle

Kalt gepreßte Öle enthalten durch die schonende Gewinnung mehr essentielle Fettsäuren und Vitamine, die beim Erhitzen geschädigt werden.

Distelöl gehört zu den Samenölen und hat von allen pflanzlichen Ölen den höchsten Gehalt an Linolsäure (mehrfach ungesättigte Fettsäuren).

Erdnußöl schmeckt mild bzw. fast neutral und eignet sich zum Kochen und Braten.

Keimöl wird aus pflanzlichen Keimlingen gewonnen.

Kürbiskernöl ist dunkelgrün, schmeckt aromatisch und sollte daher sparsam dosiert werden. Es ist bekömmlich und ideal für Salate.

Maiskeimöl ist geschmacksneutral und eignet sich zum Braten und Kochen sowie für Mayonnaise.

Olivenöl weist große Qualitätsunterschiede auf. Das beste Öl ist das „Olio di olive extra vergine" (Jungfernöl aus erster Pressung). Der Zusatz „extra vergine" garantiert eine Ölqualität aus der ersten Kaltpressung, „vergine" darf nur auf dem Etikett stehen, wenn das Öl kaltgepreßt wurde.

Sesamöl ist hell und sehr aromatisch und sollte deshalb sparsam verwendet werden.

Speiseöle, die unter den Bezeichnungen wie Tafelöl, Speiseöl, Pflanzenöl und Salatöl angeboten werden, sind meist Mischungen unterschiedlicher pflanzlicher Öle.

Sojaöl ist reich an hochungesättigten Fettsäuren und besitzt ein mildes Aroma. Nach dem Öffnen müssen Sie es im Kühlschrank aufbewahren.

Sonnenblumenöl ist geschmacksneutral und eignet sich sowohl für die warme als auch für die kalte Küche.

Traubenkernöl ist dunkelgrün, aromareich und ideal für Salate.

Walnußöl schmeckt nußartig und paßt gut zu milden Salaten.

Weizenkeimöl ist ernährungsphysiologisch gesehen am wertvollsten. Es enthält den höchsten Gehalt an Vitamin E und ist reich an hochgesättigten Fettsäuren. Es ist goldgelb.

Süßungsmittel

Haushaltszucker und Raffinade bestehen ausschließlich aus Kohlenhydraten. Sie sind daher reine Energie-, aber keine Mineralstoffträger. Versuchen Sie, Ihre Geschmacksgewohnheiten zu ändern, indem Sie mit Zucker in erster Linie würzen und nicht süßen. Sie können ihn auch durch Zuckeraustauschstoffe und Saftkonzentrate ersetzen.

Ahornsirup wird aus dem süßen Saft des kanadischen Ahornbaumes durch Einkochen gewonnen. Die Qualität „A" ist bernsteinfarben und mild im Aroma, die Qualität „C" ist dunkelbraun und hat ein intensives Aroma. Ahornsirup hat einen Zuckeranteil von 76 % und versüßt Brote, Pfannkuchen, Kuchen und Saucen.

Apfel- und Birnendicksäfte, die inzwischen vielerorts erhältlich sind, können zum Süßen von Salaten, Süßspeisen und Getränken verwendet werden.

Brauner Zucker wird hergestellt, indem Rohrzucker nicht vollständig gereinigt oder dem Weißzucker nachträglich Melasse beigemischt wird. Er ist feinkörnig und hat einen karamelähnlichen Geschmack.

Farin (Farinzucker) hat eine gelbliche bis bräunliche Färbung und einen malzig-karamelartigen Geschmack. Seine weiche Kristallstruktur ist durch einen geringen Restgehalt an Melasse bedingt.

Frutilose ist ein schonend eingedampfter Obstdicksaft, der sehr mild ist, weil ihm Fruchtsäuren entzogen wurden. Frutilose eignet sich zum Süßen von Creme- und Süßspeisen.

Honig war für lange Zeit das einzige Süßungsmittel. Er gehört zu den wenigen wirklichen Naturprodukten. Es ist gesetzlich verboten, ihm Stoffe zu entziehen oder hinzuzufügen. Blütenhonige, wie Akazien-, Heide-, Klee-, Linden- und Rapshonig, sind dickflüssig, weiß- bis honiggelb und schmecken süßer als Honigtauhonige (Tannen- oder Fichtenhonig).

Kandis ist die Sammelbezeichnung für sehr grobkristallinen Zucker. Er wird aus reiner Zuckerlösung durch behutsames Auskristallisieren gewonnen.

Künstliche Süßstoffe wie Saccharin oder Cyclamat sind rein synthetisch hergestellt. Sie sind mit Zucker chemisch nicht verwandt und kommen in der Natur nicht vor. Sie sind 30 bis 500mal so süß wie Weißzucker und sie sind kalorienfrei. In einer ausgewogenen Ernährung sollten sie vermieden werden, um unser Geschmacksempfinden für „süß" zu senken.

Puderzucker ist ein sehr fein gemahlener Zucker. Er wird zum Bestäuben und zum Glasieren von Gebäck verwendet.

Raffinade ist ein Zucker von höchster Reinheit und bester Qualität.

Rübensirup wird aus Zuckerrüben gewonnen und hat einen Grundzuckergehalt von 62 %.

Vanillezucker wird aus 5 % echter gemahlener Vanilleschote und Raffinade hergestellt.

Vanillinzucker besteht aus dem halbsynthetischen Aromastoff Vanillin (1 %), aus Vanillearoma und Zucker.

Zuckeraustauschstoffe wie Fruchtzucker, Sorbit und Xylit werden aus pflanzlichen Grundstoffen gewonnen. Sie sind weitgehend hitzebeständig, können wie Zucker verwendet werden und haben auch den gleichen Kaloriengehalt.

Suppen

Ein warmes Süppchen ist nicht nur im Winter eine Wohltat für den Magen. Es kann den Auftakt zu einem mehrgängigen Menü bilden oder – angereichert mit vollwertigem Korn – als Hauptmahlzeit serviert werden. Feine Gemüsesuppen, die mit frischen Zutaten bereitet werden, sind sowohl wichtige Vitaminlieferanten als auch ein kulinarischer Genuß, der den Gaumen das ganze Jahr über erfreut.

Frühlingssuppe
Rezept Seite 188

Hirseklößchen-suppe

Zubereitungszeit
ca. 50 Min.

Zutaten für 4 Personen
4 EL Hirse, 150 g Quark
1 Eigelb, Meersalz
frisch geriebene Muskatnuß
4 EL Butter, 1 Eiweiß
1 Liter Gemüsebrühe (aus Instantpulver)
1 EL Schnittlauchröllchen

So wird's gemacht
1. Die Hirse sehr fein mahlen, den Quark mit Eigelb, Meersalz, Muskatnuß und Butter schaumig rühren.
2. Die Hirse unterziehen und mindestens 30 Minuten quellen lassen.
3. Das Eiweiß sehr steif schlagen und unter die Quarkmasse heben. Mit zwei Teelöffeln kleine Klößchen in die leicht siedende Gemüsebrühe abstechen und darin 10 bis 15 Minuten ziehen lassen.
4. Die Suppe vor dem Servieren mit Schnittlauch bestreuen.

(auf dem Foto: rechts)

Grünkernklößchen-suppe

Zubereitungszeit
ca. 25 Min.

Zutaten für 4 Personen
1/4 Liter Milch
80 g Butter, Meersalz
frisch geriebene Muskatnuß
100 g feines Grünkernvollkornschrot
2 Eier, 1 Liter Gemüsebrühe
(aus Instantpulver)
2 EL gehackte Petersilie

So wird's gemacht
1. Die Milch zusammen mit der Butter, etwas Meersalz und Muskatnuß zum Kochen bringen. Das Grünkernvollkornschrot unter Rühren einstreuen und so lange rühren, bis sich der Teig als glatter Kloß vom Topfboden löst.
2. Den Teig etwas abkühlen lassen und die Eier nacheinander unterrühren.
3. Aus dem Teig mit zwei nassen Teelöffeln Klößchen in die leicht kochende Gemüsebrühe abstechen, darin etwa 10 Minuten ziehen lassen.
4. Vor dem Servieren mit Petersilie bestreuen.

(auf dem Foto: links)

Gemüseessenz mit Butternockerln

Zubereitungszeit
ca. 2 Std.

Zutaten für 4 Personen

Für die Essenz:

1 Karotte, 1/2 Petersilienwurzel
das Weiße von 1/2 Lauchstange
1/2 rote Paprikaschote
1/4 Zucchino, 1/2 Tomate
1 kleines Stück Blumenkohl
1 Lorbeerblatt, 1/2 Knoblauchzehe
1/2 TL Korianderkörner
1/2 TL zerdrückte Pfefferkörner

Für die Nockerln:

200 g zimmerwarme Butter
200 g gesiebtes Dinkelmehl
1 Msp. Weinsteinbackpulver
4 Eier, 2 TL Meersalz
2 EL kaltgepreßtes Sonnenblumenöl

Für die Gemüseeinlage:

Vollmeersalz, 1 EL Karottenstreifen
je 1 EL Petersilienwurzelstreifen, Lauchstreifen, Tomatenwürfel, Kerbelblättchen

So wird's gemacht

1. Das Gemüse waschen, putzen, kleinschneiden und zusammen mit den übrigen Zutaten in 1 1/2 Liter kaltem Wasser erhitzen. Dann herunterschalten und die Essenz bei milder Hitze 1 1/2 Stunden ziehen, aber nicht kochen lassen.
2. Butter schaumig rühren. Mehl und Backpulver mischen und zusammen mit Eiern und 1 Teelöffel Salz hinzufügen. 1 Liter Wasser mit restlichem Salz und Öl erhitzen. Von der Teigmasse Nockerln abstechen und diese im siedenden Wasser 10 Minuten ziehen lassen. Dann herausnehmen.
3. Die Gemüseessenz durch ein Sieb gießen, erneut erhitzen und salzen. Die Gemüsestreifen und -würfel darin garen. Die Suppe in Teller füllen, die Nockerln hineinsetzen und alles mit Kerbel bestreuen.

Zucchinisuppe mit Austernpilzen

Zubereitungszeit
ca. 25 Min.

Zutaten für 4 Personen
2 Zwiebeln
400 g Austernpilze
2 EL Butter
8 EL trockener Weißwein
2 kleine Zucchini (ca. 300 g)
1/2 Liter Gemüse- oder Hefebrühe (aus Instantpulver)
1 Prise Meersalz
1 Prise Cayennepfeffer
einige Tropfen Apfeldicksaft
einige Tropfen Zitronensaft
5 EL saure Sahne
2 EL feingehackte Zitronenmelisse
2 EL feingehackte Pfefferminze

So wird's gemacht

1. Die Zwiebeln schälen und fein hacken. Die Austernpilze mit einem feuchten Tuch abwischen, putzen und kleinschneiden.
2. Die Butter in einem Topf erhitzen, Zwiebeln sowie Pilze dazugeben und unter ständigem Rühren anbraten. Die Zwiebel-Pilz-Mischung mit Weißwein ablöschen und bei mäßiger Hitze 3 bis 4 Minuten dünsten.
3. Die Zucchini waschen, putzen, in Stifte schneiden, zu den Pilzen geben und 2 bis 3 Minuten mitdünsten.
4. Die Gemüse- oder Hefebrühe angießen, erhitzen und die Suppe mit Salz, Cayennepfeffer, Apfeldicksaft und Zitronensaft kräftig würzen.
5. Die saure Sahne in die Suppe rühren. Sie nochmals abschmecken, in vorgewärmte Teller füllen und jeden Teller mit den Kräutern bestreuen.

(auf dem Foto: oben)

Tip

Als Brühe können Sie bei diesem Gericht auch die auf Seite 31 beschriebene Gemüseessenz verwenden.

Variationen

Noch intensiver schmeckt die Suppe, wenn Sie 1 zerdrückte Knoblauchzehe zusammen mit den Zwiebeln und den Pilzen anbraten und das Ganze kurz vor dem Servieren mit einigen Tropfen Steinpilzöl aromatisieren. Anstelle von Zitronenmelisse und Pfefferminze können Sie auch einen Bund feingehacktes Basilikum zur Abrundung des Geschmacks nehmen. Wenn Sie die Suppe als Hauptmahlzeit servieren wollen und sie daher etwas gehaltvoller sein soll, schwitzen Sie 4 Eßlöffel feines Dinkelvollkornschrot zusammen mit den Zwiebeln an. Dann erst die Pilze hinzufügen und die Suppe wie nebenstehend beschrieben zubereiten.

Brokkolisuppe mit Kräutern

Zubereitungszeit
ca. 30 Min.

Zutaten für 4 Personen
2 Zwiebeln
2 EL Butter
500 g Brokkoliröschen (aufgetautes TK-Produkt)
4 gehäufte EL Haferflocken
1/2 Liter Gemüsebrühe (aus Instantprodukt)
1 Prise Meer- oder Jodsalz
Pfeffer aus der Mühle
1 Prise Muskatpulver
1 Prise Cayennepfeffer
60 g feingehackte Kräuter (Estragon, Kerbel)
100 g saure Sahne

So wird's gemacht

1. Die Zwiebeln schälen und fein hacken. Die Butter in einem Topf erhitzen und die Zwiebeln darin hellgelb anschwitzen. Dann die Brokkoli dazugeben und kurz andünsten.
2. Die Haferflocken darüberstreuen, einrühren und die Gemüsebrühe angießen. Das Ganze erhitzen und bei mäßiger Hitze 8 bis 10 Minuten köcheln lassen.
3. Die Suppe mit Salz, Pfeffer, Muskat und Cayennepfeffer kräftig abschmecken und dann die Kräuter daruntermischen.
4. Die Suppe mit dem Püriergerät pürieren oder durch ein feines Sieb streichen. Anschließend nochmals kurz erhitzen, die saure Sahne einrühren und das Ganze in vorgewärmten Tellern servieren.

(auf dem Foto: unten)

Kürbissuppe

Zubereitungszeit
ca. 30 Min.

Zutaten für 4 Personen

400 g Kürbis
2 mittelgroße Karotten
1 Zwiebel, 2 EL Butter
Currypulver
2 EL feines Hirsevollkornmehl
1 Liter Gemüsebrühe
(aus Instantpulver)
frisch geriebener Ingwer
weißer Pfeffer aus der Mühle
Meersalz
1 EL Mandelblättchen
4 EL Crème fraîche

So wird's gemacht

1. Den Kürbis schälen, die Kerne entfernen und das Kürbisfleisch in kleine Stücke schneiden.
2. Die Karotten schälen und in kleine Würfel schneiden. Die Zwiebel schälen und fein hacken.
3. Die Butter in einem Topf erhitzen und die Zwiebel darin glasig dünsten. Den Kürbis und die Karotten dazugeben und ebenfalls anschwitzen.
4. Das Currypulver und das Hirsevollkornmehl einrühren und beides kurz Farbe annehmen lassen.
5. Die Gemüsebrühe angießen und unter Rühren aufkochen lassen. Die Suppe bei mittlerer Hitze etwa 10 Minuten köcheln lassen und dann pürieren.
6. Mit Ingwer, Pfeffer und Meersalz abschmecken. Die Mandelblättchen in einer Pfanne ohne Fettzugabe leicht bräunen.
7. Die Suppe in Teller füllen, jeweils Crème fraîche daraufgeben und Mandeln darüberstreuen.

Tip

Löschen Sie das Gemüse mit 5 Eßlöffeln trockenem Weißwein ab. Das verfeinert den Geschmack der Suppe.

Wildkräutersuppe

Zubereitungszeit
ca. 20 Min.

Zutaten für 4 Personen
4 EL feines Gerstenvollkornschrot
1 Liter Gemüsebrühe
(aus Instantpulver)
20 g frische Wild- und andere
Kräuter (Löwenzahn, Sauerampfer,
Schafgarbe, Brennesselspitzen,
Basilikum und Thymian)
Meersalz
frisch geriebene Muskatnuß
2 EL Butter
4 EL geschlagene Sahne

So wird's gemacht

1. Das Gerstenvollkornschrot in einem heißen Topf ohne Fettzugabe einige Minuten darren, bis es nußartig riecht.
2. Die kalte Gemüsebrühe dazugeben und gut durchrühren. Die Suppe unter ständigem Rühren aufkochen lassen, da Gerstenschrot sehr schnell am Topfboden ansetzt. Das Ganze einige Minuten quellen lassen.
3. Die Kräuter waschen, trockentupfen und fein schneiden. Die Butter erhitzen und die Kräuter darin etwas dünsten.
4. Die Suppe mit Meersalz und Muskatnuß abschmecken, zum Schluß die Kräuter und die Sahne unterziehen.

Variationen

Anstelle des Gerstenschrots können Sie die Suppe auch mit Hafer- oder Dinkelschrot binden. Sollten Sie keine frischen Wildkräuter zur Verfügung haben, eignen sich auch zarte Kopfsalat- oder Spinatblätter für dieses Rezept.

Grünkernsuppe

Zubereitungszeit
ca. 45 Min.

Zutaten für 4 Personen
4 Schalotten
4 Stangen Staudensellerie mit Grün
2 EL Butter oder ungehärtete Pflanzenmargarine
100 g mittelfeines Grünkernvollkornschrot
Meersalz
schwarzer Pfeffer aus der Mühle
3/4 Liter Gemüsebrühe (aus Instantpulver)
200 g Sahne
5 EL grob geraspelter Parmesan
edelsüßes Paprikapulver

So wird's gemacht

1. Die Schalotten schälen und sehr fein würfeln. Den Sellerie waschen, das Grün abschneiden und die Blätter grob hacken. Von den Stangen die Fäden abziehen und den Sellerie schräg in kleine Stücke schneiden.
2. Die Butter oder Margarine in einem Topf erhitzen und die Schalotten und den Sellerie darin andünsten. Das Grünkernvollkornschrot einrühren, das Ganze mit wenig Salz und Pfeffer würzen und dann die Gemüsebrühe angießen.
3. Die Suppe zugedeckt bei geringer Hitze etwa 10 Minuten kochen lassen. Zuletzt das Selleriegrün hinzufügen.
4. Die Sahne steif schlagen und den Parmesan darunterziehen. Die Grünkernsuppe in vorgewärmten Suppentassen anrichten, jeweils einen Klecks Parmesansahne daraufsetzen und eine Prise Paprikapulver darüberstäuben.

(auf dem Foto: oben)

Tip

Kaufen Sie bei Ihrem Käsehändler einen etwas jüngeren Parmesan am Stück und raspeln Sie die benötigte Menge erst bei Bedarf. Je älter der Parmesan ist, um so würziger schmeckt er. Frisch geriebener oder geraspelter Parmesan ist nicht mit der abgepackten Tütenware zu vergleichen. Häufig besteht diese aus alten, vertrockneten Resten.

Variationen

Anstelle des Grünkernschrots können Sie auch feines Dinkelvollkornschrot nehmen, dadurch wird die Suppe im Geschmack herzhafter. Um in den vollen Vitamingenuß des Selleries zu kommen, können Sie den Stangen- durch Knollensellerie ersetzen und diesen fein reiben. Der geriebene Sellerie wird erst kurz vor dem Servieren in die Suppe gegeben und behält auf diese Weise sein ganzes Aroma und seine Inhaltsstoffe. Sie können die Suppe auch zusätzlich mit 1 Eßlöffel fein gehacktem Liebstöckel würzen.

Weizen-Gemüse-Suppe

Zubereitungszeit
ca. 1 Std.

Zeit zum Quellen
ca. 10 Std.

Zutaten für 4 Personen
100 g Weizen
1 Stange Lauch
2 Kohlrabi
2 Karotten
2 EL Butter oder ungehärtete Pflanzenmargarine
1 Liter Gemüsebrühe (aus Instantpulver)
150 g frische Erbsen
3 EL Crème fraîche
Meersalz
schwarzer Pfeffer aus der Mühle
frisch geriebene Muskatnuß
einige Petersilienblättchen zum Garnieren

So wird's gemacht

1. Den Weizen in einem Topf mit Wasser bedecken und etwa 10 Stunden quellen lassen.
2. Den Lauch waschen, putzen und in Ringe schneiden. Den Kohlrabi und die Karotten schälen und jeweils in Stifte schneiden. Die Butter oder Margarine in einem Topf erhitzen und das Gemüse darin andünsten.
3. Die Gemüsebrühe angießen und die Weizenkörner hinzufügen. Die Suppe bei mittlerer Hitze etwa 40 Minuten köcheln lassen. Etwa 15 Minuten vor Ende der Garzeit die Erbsen dazugeben und mitgaren.
4. Die Suppe mit Crème fraîche verfeinern und mit Salz, Pfeffer und Muskat abschmecken. In vier Teller füllen und jeweils mit Petersilienblättchen garnieren.

(auf dem Foto: unten)

Lauch-Kresse-Rahmsuppe

Zubereitungszeit
ca. 45 Min.

Zutaten für 4 Personen

2 mittelgroße Kartoffeln
2 Stangen Lauch
30 g Kresse (2 Päckchen)
1 Zwiebel
1 Knoblauchzehe
2 EL Margarine
(z.B. „Flora-Margarine")
500 ml Gemüsefond (aus dem Glas)
100 g Sahne
Meersalz
weißer Pfeffer aus der Mühle
1 Msp. geriebene Muskatnuß
2 Tomaten

So wird's gemacht

1. Die Kartoffeln schälen, waschen und in kleine Würfel schneiden. Den Lauch putzen, waschen und in feine Ringe schneiden. Die Kresse mit einer Küchenschere abschneiden und auf einem Sieb gut abbrausen. Etwas Kresse für die Dekoration beiseite legen.
2. Die Zwiebel sowie den Knoblauch schälen und jeweils fein hacken. Die Margarine in einem Topf erhitzen, Zwiebel und Knoblauch darin hellgelb anschwitzen. Den Gemüsefond angießen, die Kartoffelwürfel hinzufügen und das Ganze kurz aufkochen lassen. Anschließend bei mittlerer Hitze etwa 25 Minuten köcheln lassen.
3. Nach etwa 10 Minuten der Garzeit den Lauch, und nach weiteren 10 Minuten die Kresse dazugeben. Zum Schluß die Sahne einrühren und die Suppe mit dem Püriergerät pürieren oder durch ein feines Sieb streichen.
4. Die Suppe nochmals erhitzen und mit Salz, Pfeffer und Muskat abschmecken. Die Tomaten waschen, vom Stielansatz befreien, halbieren, entkernen und in kleine Würfel schneiden. Die Lauch-Kresse-Rahmsuppe auf Teller verteilen und jeweils mit Tomatenwürfeln und Kresse garnieren.

Variation

Wenn Sie es einmal besonders eilig haben, können Sie anstelle der frischen Zwiebel, des Knoblauchs und der Margarine 1 Packung „Flora-Brotaufstrich Zwiebel-Knoblauch" (100 g) zusammen mit dem Gemüsefond erhitzen. So lange verrühren, bis beides miteinander verbunden ist, und dann die Kartoffelwürfel dazugeben.

Pilzsuppe

Zubereitungszeit
ca. 30 Min.

Zutaten für 4 Personen

200 g getrocknete Steinpilze
500 g Zwiebeln
je 1 rote, gelbe und grüne Paprikaschote
2 Knoblauchzehen
6 EL Sojaöl
1/8 Liter trockener Weißwein
1/2 Liter Gemüsebrühe (aus Instantpulver)
4 Scheiben Weiß- oder Toastbrot
Salz
schwarzer Pfeffer aus der Mühle
100 g frisch geraspelter mittelalter Gouda
1 EL gehackte Petersilie

So wird's gemacht

1. Die Pilze kalt abbrausen und etwa 10 Minuten in 1/4 Liter kaltem Wasser einweichen. Die Zwiebeln schälen und in Ringe schneiden, die Paprika putzen, waschen und in Stücke schneiden. Den Knoblauch schälen und fein hacken.
2. Etwa 3 Eßlöffel Sojaöl in einem Topf erhitzen, Gemüse und die Hälfte des Knoblauchs darin andünsten. Mit Weißwein ablöschen, Gemüsebrühe sowie Pilze mitsamt Einweichwasser dazugeben. Das Ganze zum Kochen bringen und zugedeckt etwa 10 Minuten garen lassen.
3. Weiß- oder Toastbrot in Würfel schneiden und zusammen mit übrigem Knoblauch im restlichen Sojaöl goldbraun braten. Die Suppe mit Salz und Pfeffer abschmecken, in Teller geben, jeweils Brotwürfel und Käse daübergeben. Vor dem Servieren mit Petersilie bestreuen.

Süß-saure Kürbissuppe

Zubereitungszeit
ca. 30 Min.

Zutaten für 4 Personen
500 g Kürbisfruchtfleisch
1 Zwiebel
1 EL Butter
2 TL flüssiger Honig
1 EL Sherryessig
700 ml Gemüsebrühe
(aus Instantpulver)
Meersalz
weißer Pfeffer aus der Mühle
1 Msp. geriebene Muskatnuß
2 Tomaten
2 EL gehackter Dill

So wird's gemacht

1. Das Kürbisfruchtfleisch feinblättrig schneiden. Die Zwiebel schälen und fein hacken. Die Butter in einem Topf erhitzen und Kürbisfleisch sowie Zwiebel darin andünsten. Dann den Honig, den Essig und die Gemüsebrühe dazugeben. Das Ganze zugedeckt etwa 20 Minuten köcheln lassen.
2. Die Suppe mit Salz, Pfeffer und Muskat abschmecken. Die Tomaten überkreuz einritzen, mit kochend heißem Wasser überbrühen, vom Stielansatz befreien, enthäuten und in kleine Würfel schneiden.
3. Die Tomatenwürfel und den Dill kurz vor dem Servieren in die Suppe geben und alles in vorgewärmten Tellern anrichten.

(auf dem Foto: links)

Variation

Falls Sie Kürbis nicht mögen, können Sie statt dessen auch die gleiche Menge Salatgurke nehmen.

Knoblauchsuppe mit Limetten

Zubereitungszeit
ca. 1 Std.

Zutaten für 4 Personen
4 Knoblauchzehen
2 mittelgroße Zwiebeln
1 Stange Lauch
2 EL Butter
40 g Reis
800 ml Gemüsebrühe
(aus Instantpulver)
200 g Sahne
Meersalz
weißer Pfeffer aus der Mühle
2 unbehandelte Limetten

So wird's gemacht

1. Die Knoblauchzehen und die Zwiebeln schälen und grob hacken. Den Lauch putzen, waschen und in Ringe schneiden. Die Butter in einem Topf erhitzen, Knoblauch, Zwiebeln sowie Lauch darin andünsten. Den Reis und die Gemüsebrühe dazugeben und das Ganze etwa 45 Minuten sanft kochen lassen.
2. Die Suppe in der Küchenmaschine gut mixen und anschließend durch ein Sieb passieren. Die Sahne darunterrühren, alles erneut erhitzen und mit Salz und Pfeffer würzen.
3. Das Grüne der Limetten abreiben und in die Suppe geben, dabei darauf achten, daß das Weiße nicht mitabgeschält wird. Die Limettenschale mit einem scharfen Messer in dünnen Streifen abschälen. Von einer Limette die Filets herauslösen. Die Suppe mit dem Mixstab oder dem Schneebesen schaumig mixen und zusammen mit Limettenschale und -filets servieren.

(auf dem Foto: rechts)

Selleriecremesuppe

Zubereitungszeit
ca. 15 Min.

Zutaten für 4 Personen
800 ml Gemüsebrühe
(aus Instantpulver) oder Gemüseessenz
(siehe Rezept Seite 31)
1 kleine Sellerieknolle (ca. 300 g)
weißer Pfeffer aus der Mühle
etwas Kräutersalz
8 EL leicht geschlagene Sahne
etwas feingeschnittenes Selleriegrün
zum Garnieren

So wird's gemacht

1. Die Gemüsebrühe oder Gemüseessenz in einem passenden Suppentopf erhitzen.
2. Inzwischen die Sellerieknolle schälen, unter fließendem Wasser abbürsten und in kleine Stücke schneiden.
3. Die Selleriestücke in der Brühe oder Essenz bei geschlossenem Topf in etwa 10 Minuten weich kochen.
4. Den Sellerie zusammen mit der Brühe oder Essenz mit dem Püriergerät pürieren oder durch ein feines Sieb streichen. Anschließend in den Topf zurückgießen und die Suppe mit Pfeffer und Kräutersalz abschmecken.
5. Kurz vor dem Servieren die Sahne darunterziehen. Die Suppe in vorgewärmte Teller füllen und jede Portion mit etwas Selleriegrün bestreuen.

(auf dem Foto: oben)

Tip

Diese Suppe wird nur durch das Gemüse gebunden und ist daher sehr leicht und kalorienarm.

Spargelcremesuppe

Zubereitungszeit
ca. 1 Std.

Zutaten für 4 Personen
500 g weißer Spargel
1 Msp. Kleehonig
1 TL Butter
1/2 TL Vollmeersalz
2 EL Dinkel
200 ml Milch
weißer Pfeffer aus der Mühle
4 EL leicht geschlagene Sahne
2 frische Aprikosen

So wird's gemacht

1. Den Spargel waschen, schälen und die unteren Enden der Stangen abschneiden. Die Schalen und die Abschnitte zusammen mit dem Honig, der Butter, 2 Messerspitzen Salz und 800 Milliliter kaltem Wasser aufsetzen und in etwa 30 Minuten zu einem Fond kochen. Diesen durch ein Sieb gießen.
2. In der Zwischenzeit die geschälten Spargelstangen in ein feuchtes Tuch wickeln und beiseite legen. Den Dinkel sehr fein mahlen, gröbere Kleinteile heraussieben. Das Mehl in einer beschichteten Pfanne ohne Fettzugabe anrösten, aber keine Farbe annehmen lassen.
3. Den Spargelfond zusammen mit der Milch in einem passendem Suppentopf erhitzen. Die Spargelspitzen abschneiden, halbieren und beiseite legen. Die Spargelstangen in Stücke schneiden und in der Suppe bißfest kochen.
4. Die Spargelspitzen in ein Sieb, vorzugsweise in ein Spitzsieb, legen und dieses für einige Minuten in die kochende Suppe hängen, bis die Spitzen gar, aber noch bißfest sind.
5. Die Suppe zusammen mit den Spargelstücken und dem Mehl im Mixer pürieren, durch ein feines Sieb passieren und in den Topf zurückgießen.
6. Die Suppe unter Rühren mit dem Schneebesen nochmals kurz aufkochen lassen, bis das Mehl sie bindet. Die Suppe mit Salz und Pfeffer abschmecken.
7. Die Suppe in vorgewärmten Suppentellern anrichten, jeweils die Sahne und die Spargelspitzen in der Mitte daraufsetzen. Die Aprikosen waschen, entkernen, in Spalten schneiden und damit die Suppenportionen garnieren.

(auf dem Foto: unten)

Tip

Die Suppe läßt sich sehr gut vorbereiten, denn Sie können den Spargelfond bereits einige Stunden vor dem Essen kochen.

Variation

Nach diesem Rezept können Sie auch eine Suppe aus grünem Spargel zubereiten. Nehmen Sie dann anstelle der Aprikose 2 Eßlöffel frischgepreßten Orangensaft und einige Streifen unbehandelter Orangenschale.

Erbsencremesuppe mit Austernpilzen

Zubereitungszeit
ca. 30 Min.

Zutaten für 4 Personen

1 mittelgroße Zwiebel
4 EL Sojaöl
1 Liter Gemüsebrühe
(aus Instantpulver)
450 g TK-Erbsen
200 g Austernpilze
Vollmeersalz
schwarzer Pfeffer aus der Mühle
125 g Crème double
geriebene Mukatnuß

So wird's gemacht

1. Die Zwiebel schälen und fein würfeln. Etwa 1 Eßlöffel Öl in einem Topf erhitzen und die Zwiebel darin glasig dünsten.
2. Dann die Gemüsebrühe angießen und die Erbsen dazugeben. Das Ganze einmal aufkochen lassen und anschließend zugedeckt etwa 15 Minuten bei schwacher Hitze köcheln lassen.
3. Die Austernpilze putzen, vom harten Strunk befreien, mit einem feuchten Tuch abwischen und in mundgerechte Stücke schneiden. Das restliche Öl in einer Pfanne erhitzen und die Pilze darin goldbraun braten. Dann salzen und pfeffern.
4. Einige Erbsen aus der Brühe nehmen und für die Dekoration aufbewahren. Die übrigen Erbsen zusammen mit der Brühe mit dem Püriergerät pürieren oder durch ein feines Sieb streichen.
5. Die Suppe wieder in den Topf geben, die Hälfte der Crème double unterrühren und das Ganze mit Salz, Pfeffer und Muskat abschmecken.
6. Die Erbsen und die Austernpilze zur Suppe geben und diese in vorgewärmten Tellern anrichten. Auf jede Portion einen Klecks Crème double geben und diesen mit etwas Muskatnuß bestäuben.

Variation

Während der Erbsensaison im Mai und Juni können Sie die Suppe natürlich auch mit frischen Erbsen zubereiten. Für 450 g ausgelöste Erbsen benötigen Sie etwa das Doppelte, also 1 kg, an Erbsenschoten.

Gurkencremesuppe mit Weißbrotwürfelchen

Zubereitungszeit
ca. 45 Min.

Zutaten für 4 Personen
1 kg Salat- oder Schmorgurken
3 mittelgroße Zwiebeln
2 EL Butterschmalz (z.B. Butaris)
3 EL feingesiebtes Vollkornmehl
1/2 Liter Gemüsebrühe (aus Instantpulver)
100 g Crème fraîche
Meersalz
weißer Pfeffer aus der Mühle
1 Bund Dill
Außerdem:
2–3 Toastbrotscheiben
2 EL Sonnenblumenöl

So wird's gemacht

1. Die Salat- oder Schmorgurken schälen und achteln. Die Gurkenstreifen in kleine Würfel schneiden. Die Zwiebeln schälen und fein würfeln.
2. Das Butterschmalz in einem Topf erhitzen und die Zwiebel- und Gurkenwürfel darin andünsten. Zwei Drittel der Menge herausnehmen und beiseite stellen. Die restliche Menge portionsweise mit dem Püriergerät pürieren.
3. Das Gurkenpüree in einen Topf geben und erhitzen. Das Mehl einrühren und anschwitzen, dann die Gemüsebrühe angießen und das Ganze mit dem Schneebesen gut durchrühren.
4. Die Crème fraîche einrühren, die beiseite gestellten Gurkenstückchen in die Suppe geben und wieder heiß werden lassen. Die Suppe mit Salz und Pfeffer abschmecken.
5. Den Dill waschen, trockenschleudern und fein hacken. Die Toastbrotscheiben entrinden und in kleine Würfelchen schneiden.
6. Das Öl in einer Pfanne erhitzen und die Brotwürfelchen darin unter Wenden goldgelb werden lassen. Die Suppe in Teller füllen, jeweils mit Brotwürfelchen und Dill bestreuen und sofort servieren.

Variation

Sehr fein schmeckt die Suppe auch mit saurer Sahne anstelle von Crème fraîche. Die saure Sahne erst kurz vor dem Servieren in die Suppe einrühren.

Würzige Bohnensuppe

Zubereitungszeit
ca. 45 Min.

Zeit zum Einweichen
ca. 12 Stunden

Zutaten für 4 Personen
250 g getrocknete weiße Bohnen
250 g getrocknete rote Bohnen
1 Liter Gemüsebrühe
(aus Instantpulver)
Meersalz
schwarzer Pfeffer aus der Mühle
1 Prise Cayennepfeffer
1/2 TL edelsüßes Paprikapulver
2 Rote-Bete-Knollen
2 EL Sahne
1 frisches Eigelb
5 EL frisch geriebener Gouda

So wird's gemacht

1. Die Bohnen über Nacht in reichlich Wasser einweichen. Am nächsten Tag die Gemüsebrühe zum Kochen bringen, die abgetropften Bohnen dazugeben und 15 bis 20 Minuten köcheln lassen.
2. Die Suppe mit Salz, Pfeffer, Cayennepfeffer und Paprikapulver kräftig würzen. Die roten Beten putzen, schälen, fein raspeln und in der Suppe 3 bis 4 Minuten mitköcheln lassen.
3. Die Sahne mit 2 Eßlöffeln der heißen Brühe verrühren. Das Eigelb darunterziehen und die Legierung langsam in die nicht mehr kochende Suppe einrühren. Die Suppe unter Rühren vorsichtig erhitzen, bis das Eigelb bindet.
4. Die Suppe auf vier Teller verteilen und kurz vor dem Servieren mit Käse bestreuen.

(auf dem Foto: oben links)

Blumenkohlsuppe

Zubereitungszeit
ca. 30 Min.

Zutaten für 4 Personen
1 mittelgroßer Blumenkohl (ca. 750 g)
3/4 Liter Gemüsebrühe
(aus Instantpulver)
etwas Zitronensaft
2 EL gehackte Schalotten
2 EL Butter
2 Scheiben Toastbrot
1 frisches Eigelb, 200 g Sahne
Meersalz, 2 EL gehackte Kresse

So wird's gemacht

1. Den Blumenkohl putzen und einige Minuten in kaltes Wasser legen, damit sich eventuell festsitzende Larven lösen. Dann den Strunk entfernen, kleinschneiden und den übrigen Blumenkohl in Röschen teilen.
2. Die Röschen in der Gemüsebrühe zusammen mit etwas Zitronensaft etwa 2 Minuten kochen, mit einem Schaumlöffel herausnehmen und beiseite stellen. Die Strunkstückchen zusammen mit den Schalotten in einem Topf in 1 Eßlöffel Butter andünsten. Mit der Gemüsebrühe auffüllen und etwa 30 Minuten kochen lassen.
3. Die Toastbrotscheiben in 1 cm große Würfel schneiden und in der restlichen Butter in einer Pfanne rösten. Die Blumenkohlröschen zusammen mit den Strünken sowie der Brühe mit einem Püriergerät pürieren, durch ein Sieb in den Topf streichen und alles erhitzen.
4. Das Eigelb mit der Sahne verrühren. Die Suppe vom Herd nehmen, die Legierung unterrühren, salzen und alles wieder vorsichtig erhitzen, bis das Eigelb bindet. Die Toastbrotwürfel in die Suppe geben und kurz vor dem Servieren die Kresse unterheben.

(auf dem Foto: oben rechts)

Rote-Bete-Suppe mit Ananas

Zubereitungszeit
ca. 45 Min.

Zutaten für 4 Personen
1 mittelgroße Kartoffel
1 Zwiebel
3 Rote-Bete-Knollen
2 EL Margarine
1 Liter Gemüsebrühe
(aus Instantpulver)
Meersalz
schwarzer Pfeffer aus der Mühle
etwas Kümmel
100 g Dickmilch
200 g frische Ananas
4 Petersilienzweige
zum Garnieren

So wird's gemacht

1. Die Kartoffel schälen und in kleine Würfel schneiden. Die Zwiebel schälen und ebenfalls würfeln. Die roten Beten schälen, putzen und in kleine Würfel schneiden.
2. Die Zwiebelwürfel in der Margarine anschwitzen lassen, Kartoffel- und rote Betenwürfel dazugeben und kurz mitdünsten. Dann die Gemüsebrühe angießen. Die Suppe mit Salz, Pfeffer und Kümmel abschmecken und zugedeckt etwa 10 Minuten köcheln lassen.
3. Die Dickmilch in die nicht mehr kochende Suppe einrühren und diese nochmals erhitzen, aber nicht mehr kochen lassen.
4. Die Ananas schälen, den Mittelstrunk herausschneiden und das Fruchtfleisch in kleine Stücke schneiden. Dabei die „Augen" entfernen. Die Ananasstückchen kurz vor dem Servieren in die Suppe geben, diese auf vier Teller verteilen und jeweils mit einem Petersilienzweig garnieren.

(auf dem Foto: unten)

Kartoffel-Lauch-Cremesuppe

Zubereitungszeit
ca. 55 Min.

Zutaten für 4 Personen

Für die Suppe:
500 g Kartoffeln, 1 Stange Lauch
2 EL Margarine (z.B. Sanella)
etwas Currypulver
400 ml Gemüsebrühe
(aus Instantpulver)
Meersalz
schwarzer Pfeffer aus der Mühle
frisch geriebene Muskatnuß
2 Bund glatte Petersilie
400 g Frischkäse (z.B. Cortina)

Außerdem:
4 Scheiben Toastbrot
150 g Kräuterfrischkäse (z.B. Bresso)

So wird's gemacht

1. Die Kartoffeln schälen, waschen und grob würfeln. Die Kartoffelwürfel in Salzwasser etwa 35 Minuten garen, anschließend die Hälfte davon pürieren. Den Lauch putzen, waschen und in Ringe schneiden.
2. Die Margarine in einem Topf erhitzen und die Lauchringe darin andünsten. Etwas Currypulver darüberstäuben und den Lauch nochmals einige Minuten dünsten.
3. Mit der Gemüsebrühe auffüllen, das Ganze aufkochen lassen und dann 20 Minuten bei schwacher Hitze köcheln lassen. Den Backofen auf 200 °C vorheizen.
3. Kartoffelpuree und -würfel in die Suppe geben und diese mit Salz, Pfeffer sowie Muskat abschmecken. Die Petersilie waschen, trockenschleudern, fein hacken und zusammen mit dem Frischkäse zur Suppe geben. Diese nochmals erhitzen, aber nicht mehr kochen lassen.
4. Die Toastbrotscheiben in Rauten schneiden oder rund ausstechen, dick mit Kräuterfrischkäse bestreichen und im Backofen einige Minuten überbacken. Die Suppe zusammen mit den überbackenen Toastbrötchen servieren.

Variation

Wenn Sie gerne Knoblauch essen, können Sie die Suppe auch zusammen mit geröstetem Knoblauchbrot servieren.

Kartoffelsuppe mit Kräutern

Zubereitungszeit
ca. 35 Min.

Zutaten für 4 Personen
1 Zwiebel
1 Stange Lauch
1 Petersilienwurzel
1 Karotte
400 g Kartoffeln
2 EL Butter
1 Liter Gemüsebrühe
(aus Instantpulver)
1 Prise Meersalz
frisch geriebene Muskatnuß
1 TL Kräuter der Provence (TK-Produkt)
Apfeldicksaft nach Geschmack
2 EL gehacktes Estragon
2 EL gehackte Petersilie
2–3 EL grobes Hafervollkornschrot
100 g Crème fraîche

So wird's gemacht

1. Die Zwiebel schälen und fein hacken. Den Lauch putzen, waschen und in dünne Ringe schneiden. Petersilienwurzel, Karotte und Kartoffeln schälen und jeweils würfeln.
2. Die Zwiebel in der Butter andünsten, die übrigen Gemüsesorten dazugeben und mit Gemüsebrühe auffüllen. Die Suppe mit Salz, Muskat und Apfeldicksaft würzen und bei milder Hitze 15 Minuten köcheln lassen.
3. Die Kräuter unterziehen, eventuell nochmals abschmecken. Das Hafervollkornschrot in einer Pfanne ohne Fettzugabe anrösten. Die Suppe portionsweise anrichten, jeweils einen Klecks Crème fraîche daraufgeben und mit geröstetem Hafervollkornschrot bestreuen.

Melonen-cremesuppe

Zubereitungszeit
ca. 50 Min.

Zutaten für 4 Personen
350 g mehlig kochende Kartoffeln
1 reife Honigmelone (ca. 400 g)
oder Kantalupmelone
1/2 Liter Milch
1 1/2 EL Butter
Meersalz
weißer Pfeffer aus der Mühle
3 frische Eigelb
4 EL saure Sahne
4 Pfefferminzeblätter

So wird's gemacht

1. Die Kartoffeln schälen, waschen, in Würfel schneiden und in reichlich Salzwasser weich kochen. Danach abgießen und ausdampfen lassen.
2. In der Zwischenzeit die Melone halbieren und die Kerne entfernen. Das Fruchtfleisch mit einem Löffel herausschaben.
3. Die lauwarmen Kartoffeln zusammen mit dem Melonenfruchtfleisch und 160 Milliliter Milch in einen Mixer geben und pürieren.
4. Die Butter in einen Topf geben, leicht erhitzen und das Püree sowie die restliche Milch hinzufügen. Die Suppe bei schwacher Hitze etwa 5 Minuten köcheln lassen. Dann mit Salz und Pfeffer abschmecken.
5. Die Eigelbe verquirlen und unter Rühren in die nicht mehr kochende Suppe geben. Diese nochmals erhitzen, aber nicht mehr kochen lassen. Die Suppe in tiefen Tellern servieren und je einen Eßlöffel saure Sahne in die Mitte geben. Diese dann mit den Minzeblättern garnieren.

(auf dem Foto: oben)

Tip

Die Kantalupmelone wird aus Süditalien importiert. Ihr gelb-orangefarbenes Fruchtfleisch schmeckt süßer und aromatischer als das der Honigmelone. Sie ist das ganze Jahr über im gut sortierten Gemüse- und Obstfachhandel erhältlich. Eine reife Melone gibt auf leichten Fingerdruck nach und duftet am Blütenansatz intensiv und aromatisch.

Variation

Sie können die Melonencremesuppe auch kalt servieren. Hierfür die Suppe abkühlen lassen, die saure Sahne einrühren und das Ganze im Kühlschrank für etwa 2 Stunden kühl stellen. Servieren Sie diese kalte Köstlichkeit im Sommer doch einmal als Vorspeise anstelle einer gekühlten Honigmelone mit Portwein.

Zitronensuppe

Zubereitungszeit
ca. 30 Min.

Zutaten für 4 Personen
1,5 Liter Gemüseessenz
(siehe Seite 31) oder
Gemüsebrühe aus Instantpulver
80 g Langkornreis
2 unbehandelte Zitronen
3 frische Eigelb
Meersalz
einige Tropfen Tabasco
2 Pfefferminz- oder
Zitronenmelissezweige

So wird's gemacht

1. Die Gemüseessenz oder Gemüsebrühe in einem Topf zum Kochen bringen. Den Reis auf einem Sieb waschen, dazugeben und bei milder Hitze 15 bis 18 Minuten bißfest garen.
2. In der Zwischenzeit die Schale von einer halben Zitrone abreiben und in die Suppe geben. Von der Zitrone oben und unten einen Deckel abschneiden und die restliche Schale mit einem Messer von oben nach unten so abschneiden, daß auch die weiße Haut entfernt wird. Dann die einzelnen Filets aus den Trennwänden herausschneiden. Die zweite Zitrone auspressen.
3. Wenn der Reis gar ist, den Zitronensaft mit den Eigelben in einer Schale verquirlen, 5 bis 6 Eßlöffel der Reissuppe unterrühren. Die Eigelbe unter ständigem Rühren in die Suppe geben, diese nochmals erhitzen, aber nicht mehr kochen lassen.
4. Den Topf vom Herd nehmen, die Suppe mit Salz und Tabasco würzen und die Zitronenfilets hinzufügen.
5. Die Minze oder Melisse waschen, trockentupfen, in Streifen schneiden und zur Suppe geben. Diese heiß servieren.

(auf dem Foto: unten)

Spaghetti & Nudeln

Teigwaren in jeglicher Form sind eine wunderbare Grundlage für vegetarische Gerichte. Ob mit delikaten Gemüsesaucen oder mit sahnigen Käsesaucen, Nudeln lassen sich überaus vielfältig kombinieren. Durch ihren dezenten Eigengeschmack kann sich das Aroma von zarten Saucenzutaten optimal entfalten.

Conchiglie mit Kräutern
Rezept Seite 188

Tagliatelle mit Frühlingsgemüse

Zubereitungszeit
ca. 40 Min.

Zutaten für 4 Personen

250 g weißer Spargel
1 Prise Zucker
Meersalz
1 TL Öl
250 g Zuckerschoten
250 g junge Karotten
250 g Egerlinge
oder Austernpilze
2 Frühlingszwiebeln
2 EL Butter
4 EL kaltgepreßtes Olivenöl
1 Bund Basilikum
150 g Crème fraîche
schwarzer Pfeffer aus der Mühle
250 g Bandnudeln

So wird's gemacht

1. Den Spargel waschen, schälen und die unteren, holzigen Enden abschneiden. Reichlich Wasser zum Kochen bringen, Zucker, etwas Salz sowie Öl hinzufügen und die Spargelstangen darin in etwa 25 Minuten bißfest garen.
2. Inzwischen die Zuckerschoten putzen, waschen und in kleine Stücke schneiden. Die Karotten waschen, schälen und in Streifen schneiden. Die Egerlinge oder Austernpilze putzen, mit einem feuchten Tuch abwischen und kleinschneiden. Die Frühlingszwiebeln waschen, schälen und in feine Ringe schneiden.
3. Butter und Olivenöl in einem breiten Topf erhitzen und das Gemüse sowie die Pilze darin etwa 5 Minuten andünsten. Das Basilikum waschen, trockenschleudern und fein hacken.
4. Die gegarten Spargelstangen in etwa 2 cm lange Stücke schneiden und zusammen mit der Crème fraîche zum Gemüse geben. Das Ganze mit Salz und Pfeffer abschmecken.
5. Die Bandnudeln in reichlich kochendem Salzwasser bißfest garen und auf einem Sieb abtropfen lassen. Das Basilikum unter das Gemüse heben und dieses zusammen mit den Nudeln auf vorgewärmten Tellern servieren.

Tagliatelle mit Auberginen und Tomaten

Zubereitungszeit
ca. 30 Min.

Zeit zum Ruhen
ca. 30 Min.

Zutaten für 4 Personen

500 g Auberginen
Meersalz
3 EL Pflanzenöl (z.B. Biskin-Öl)
2 Knoblauchzehen
400 g geschälte Tomaten (aus der Dose)
schwarzer Pfeffer aus der Mühle
250 g Bandnudeln
4 EL gehacktes Basilikum
5 EL frisch geriebener Parmesan

So wird's gemacht

1. Die Auberginen waschen, putzen, längs halbieren und in dünne Scheiben schneiden. Diese auf einem großen Teller mit Salz bestreuen, mit einem Holzbrett beschweren und 30 Minuten ruhen lassen.
2. Die Auberginenscheiben kalt abspülen, trockentupfen und in dem Öl von beiden Seiten anbraten. Die Knoblauchzehen schälen, in die Pfanne pressen und kurz mitbraten. Die Tomaten hinzufügen und mit einer Gabel zerdrücken. Das Ganze pfeffern und salzen und etwa 10 Minuten köcheln lassen.
3. Inzwischen die Bandnudeln in reichlich kochendem Salzwasser bißfest garen, auf einem Sieb abtropfen lassen und in eine vorgewärmte Schüssel geben. Die Auberginen-Tomaten-Sauce darauf verteilen und alles mit Basilikum und Parmesan bestreuen.

Ravioli mit Salbei

Zubereitungszeit
ca. 25 Min.

Zutaten für 4 Personen
- *400 g frische mit Frischkäse gefüllte Ravioli*
- *Salz*
- *1 EL Butter*
- *8 frische Salbeiblätter*
- *frisch geriebene Muskatnuß*
- *100 g frisch geriebener Parmesan*

So wird's gemacht
1. Die Ravioli in reichlich kochendem Salzwasser bißfest kochen, dabei ab und zu mit einem Holzlöffel umrühren.
2. In der Zwischenzeit die Butter in einem Topf bei milder Hitze schmelzen lassen. Die Salbeiblätter mit einem feuchten Tuch abwischen und dazugeben. Die Blätter mit etwas Muskatnuß würzen.
3. Die Ravioli mit einem Schaumlöffel aus dem Wasser nehmen und in eine vorgewärmte Schüssel füllen. Die Salbeibutter dazugeben, alles gut vermengen und vor dem Servieren mit Parmesan bestreuen.

(auf dem Foto oben: links)

Tip

Frische, mit Frischkäse bzw. Ricotta (würziger Quark aus Schafsmilch) gefüllte Ravioli erhalten Sie in italienischen Feinkostläden oder im Kühlregal in gut sortierten Supermärkten.

Tortiglioni mit Wodkasauce

Zubereitungszeit
ca. 15 Min.

Zutaten für 4 Personen
- *4 frische Salbeiblätter*
- *5 EL Butter*
- *3 EL Tomatenpüree*
- *250 g Sahne*
- *5 EL frisch geriebener Parmesan*
- *6 EL Wodka*
- *Salz*
- *500 g Tortiglioni*
- *schwarzer Pfeffer aus der Mühle*

So wird's gemacht
1. Die Salbeiblätter mit einem feuchten Tuch abwischen. Die Butter in einem Topf bei milder Hitze schmelzen lassen und den Salbei hinzufügen. Das Tomatenpüree mit 4 Eßlöffeln warmem Wasser verrühren und zur Butter geben. Das Ganze 3 bis 4 Minuten köcheln lassen.
2. Die Sahne dazugießen und gut unterrühren. Den Parmesan unter Rühren dazugeben, dann den Wodka hinzufügen. Die Sauce mit Salz abschmecken und warm halten, aber nicht mehr kochen lassen.
3. Die Tortiglioni in reichlich kochendem Salzwasser bißfest garen, auf einem Sieb abtropfen lassen und in eine vorgewärmte Schüssel füllen. Die Sauce untermischen und das Ganze vor dem Servieren mit Pfeffer bestreuen.

(auf dem Foto oben: rechts)

Tip

Tomatenpüree wird im Handel in Flaschen oder Kartons angeboten. Im Gegensatz zu Tomatenmark ist es nicht konzentriert, die Früchte werden eingekocht und dann püriert.

Spaghetti mit Knoblauch, Öl und Pfefferschote

Zubereitungszeit
ca. 20 Min.

Zutaten für 4 Personen
- *500 g Spaghetti*
- *Salz*
- *4 Knoblauchzehen*
- *1 rote Pfefferschote*
- *1/2 Bund Petersilie*
- *8 EL Olivenöl „extra vergine"*

So wird's gemacht
1. Die Spaghetti in reichlich kochendem Salzwasser bißfest garen.
2. In der Zwischenzeit den Knoblauch schälen und fein hacken. Die Pfefferschote in Stücke schneiden. Die Petersilie waschen, trockenschleudern und fein hacken.
3. Das Olivenöl in einer Pfanne erhitzen und den Knoblauch darin goldbraun werden lassen. Die Pfefferschote dazugeben und kurz andünsten.
4. Die gegarten Spaghetti auf einem Sieb abtropfen lassen, zur Knoblauch-Öl-Mischung geben und gut damit vermengen. Die Spaghetti portionsweise anrichten und jeweils mit Petersilie bestreuen.

(auf dem Foto unten)

Tip

Für dieses Rezept muß das Olivenöl von hervorragender Qualität sein, denn erst das Öl gibt dem Gericht seine besondere Note.

Gemüse-Spaghetti-Nester

Zubereitungszeit
ca. 25 Min.

Zutaten für 4 Personen
400 g Spaghetti
Salz
1 großer Zucchino (ca. 250 g)
2 große Karotten (ca. 300 g)
je 1/2 Bund Estragon,
Dill und Petersilie
100 g Blauschimmelkäse
5 EL Sojaöl
schwarzer Pfeffer aus der Mühle
2 EL Weinessig
1 TL mittelscharfer Senf
100 ml Gemüsebrühe
(aus Instantpulver)
etwas Zitronensaft

So wird's gemacht

1. Die Spaghetti in reichlich kochendem Salzwasser bißfest garen.
2. Während die Nudeln kochen, den Zucchino waschen, putzen und der Länge nach in Streifen schneiden. Die Karotten schälen und ebenfalls in Streifen schneiden. Die Kräuter jeweils waschen, trockenschleudern und fein hacken. Den Käse in kleine Würfel schneiden.
3. Etwa 1 Eßlöffel Öl in einer Pfanne erhitzen und die Gemüsestreifen darin andünsten. Mit Salz und Pfeffer würzen. Die Spaghetti auf einem Sieb abtropfen lassen, zum Gemüse geben und damit vermischen. Nudeln und Gemüse mit Hilfe eines Löffels und einer Gabel zu Nestern aufrollen und warm stellen.
4. Restliches Öl in die Pfanne geben und erhitzen. Dann die Pfanne vom Herd nehmen und Essig, Senf und Brühe unter das Öl rühren.
5. Das Ganze leicht erhitzen und dann die Kräuter und den Käse hinzufügen. Die Sauce mit Salz, Pfeffer und Zitronensaft abschmecken und zusammen mit den Spaghettinestern servieren.

Variation

Sie können den Zucchino auch durch Lauch ersetzen.

Ravioli auf Ratatouille

Zubereitungszeit
ca. 45 Min.

Zutaten für 4 Personen
4 Zwiebeln
1 großer Zucchino
1 mittelgroße Aubergine
500 g gelbe und rote Paprikaschoten
500 g Fleischtomaten
125 ml Sojaöl
2 durchgepreßte Knoblauchzehen
Salz, Pfeffer
1 TL getrockneter Thymian
400 g frische mit Frischkäse gefüllte Ravioli
3 EL gehacktes Basilikum
1/2 TL edelsüßes Paprikapulver
Basilikumblätter zum Garnieren

So wird's gemacht

1. Die Zwiebeln schälen, fein hacken, die übrigen Gemüsesorten bis auf die Tomaten waschen, putzen und würfeln. Die Tomaten mit heißem Wasser überbrühen, überkreuz einschneiden, enthäuten und würfeln.
2. 100 Milliliter Sojaöl erhitzen und Zwiebeln, Zucchino, Aubergine sowie Paprika darin andünsten. Tomaten und Knoblauch hinzufügen, mit Salz, Pfeffer und Thymian würzen und alles zugedeckt bei schwacher Hitze 30 Minuten köcheln lassen. Dabei ab und zu umrühren.
3. Inzwischen die Ravioli in kochendem Salzwasser bißfest garen und dann mit einem Schaumlöffel herausnehmen. Restliches Öl erhitzen, Basilikum und Paprikapulver dazugeben und die Ravioli in dieser Mischung schwenken. Die Ravioli auf dem Ratatouille anrichten. Mit Basilikum garnieren.

Spaghetti nach Art der leichten Mädchen

Zubereitungszeit
ca. 20 Min.

Zutaten für 4 Personen
3 Knoblauchzehen
150–200 g schwarze Oliven
4 EL Kapern
3 Sardellenfilets
1 Bund Petersilie
400 g vollreife Tomaten
3 EL Olivenöl
5 EL Butter
500 g Spaghetti, Salz
schwarzer Pfeffer aus der Mühle
4 EL gehackte Petersilie

So wird's gemacht
1. Den Knoblauch schälen und fein hacken. Die Oliven entkernen und grob hacken. Die Kapern kalt abspülen und ebenfalls grob hacken. Die Sardellenfilets waschen, entgräten und fein hacken.
2. Die Petersilie waschen und fein hacken. Die Tomaten überkreuz einritzen, mit kochend heißem Wasser überbrühen, enthäuten, entkernen und das Fruchtfleisch fein würfeln.
3. Das Öl und die Butter in einem Topf erhitzen. Den Knoblauch anbraten, die Sardellenfilets hinzufügen und mit einer Gabel zerdrücken. Die Tomatenwürfel untermischen und das Ganze bei geringer Hitze etwa 10 Minuten köcheln lassen.
4. Oliven und Kapern dazugeben und die Sauce nochmals 10 Minuten kochen, dabei öfter umrühren, etwas salzen.
5. In der Zwischenzeit die Spaghetti in reichlich sprudelndem Salzwasser bißfest garen, dann auf ein Sieb schütten, abtropfen lassen und in eine Schüssel geben.
6. Die Sauce darübergeben und das Ganze mit frisch gemahlenem Pfeffer und Petersilie bestreuen.

(auf dem Foto: oben)

Variationen

Um die Sauce noch pikanter zu machen, können Sie während des Kochens noch eine rote Pfefferschote hineingeben. Die Schote wird vor dem Servieren entfernt. Schwarzer Pfeffer wird dann nicht mehr verwendet.
Sehr fein schmecken auch Spaghetti mit Olivensauce. Hierfür 400 g frische, schwarze Oliven entkernen, fein hacken oder im Mörser zerreiben. Eine feingehackte Zwiebel in 6 Eßlöffeln Olivenöl andünsten. Ein kleines, zerriebenes Lorbeerblatt, einen Teelöffel gehackten Oregano, die Oliven und 400 g geschälte Tomaten (aus der Dose) hinzufügen. Die Sauce bei mittlerer Hitze unter Rühren etwa 5 Minuten kochen. Dann mit Salz, Pfeffer sowie einer Prise Zimtpulver abschmecken und in einer vorgewärmten Schüssel mit 400 g gegarten Spaghetti vermengen.

Spaghetti mit Zitronensauce

Zubereitungszeit
ca. 25 Min.

Zutaten für 4 Personen
3 unbehandelte Zitronen
250 g Sahne
3 Eigelb
1 EL frischgepreßter Zitronensaft
Salz
schwarzer Pfeffer aus der Mühle
500 g Spaghetti
eventuell 4 EL frisch geriebener Parmesan

So wird's gemacht
1. Von den Zitronen die Schale fein abreiben, dabei darauf achten, daß das Weiße nicht mitabgerieben wird.
2. Die Sahne in einem Topf erhitzen. Den Topf vom Herd nehmen und nach und nach die Eigelbe mit einem Schneebesen einrühren. Dann die Zitronenschale unterrühren und die Sauce etwa 5 Minuten leicht simmern lassen.
3. Die Sauce mit Zitronensaft, Salz und Pfeffer abschmecken. Die Spaghetti in reichlich sprudelndem Salzwasser bißfest garen, auf ein Sieb schütten und abtropfen lassen. In einer großen vorgewärmten Schüssel mit der Sauce vermengen. Das Gericht vor dem Servieren nach Geschmack mit Parmesan bestreuen.

(auf dem Foto: unten)

Variation

Sie können dieses Gericht auch ohne Eigelbe und dafür mit Kräutern zubereiten. Hierfür das feingehackte Weiße von 4 Frühlingszwiebeln in 3 Eßlöffeln Butter anschwitzen. Die Schale von einer unbehandelten Zitrone, 4 Eßlöffel trockenen Sherry und 125 g Crème fraîche hinzufügen und die Sauce 5 Minuten leicht köcheln lassen. Die Sauce mit 3 Eßlöffeln frischgepreßtem Zitronensaft, Salz und Pfeffer abschmecken. Die gegarten Spaghetti in einer Schüssel mit der Sauce, 2 Eßlöffeln gehacktem Dill, 1 Eßlöffel gehackter Zitronenmelisse und 4 Eßlöffeln frisch geriebenem Pecorino (italienischer Schafskäse) vermischen und sofort servieren.

Spaghetti „Verano“

Zubereitungszeit
ca. 40 Min.

Zutaten für 4 Personen
2 Schalotten
200 g Champignons
350 g Spaghetti
Salz
1 EL Margarine
300 g frische Erbsen
1/8 Liter Gemüsebrühe (aus Instantpulver)
100 g Sahne
schwarzer Pfeffer aus der Mühle
frisch geriebene Muskatnuß
5 EL frisch geriebener Parmesan
4 Petersilienzweige zum Garnieren

So wird's gemacht

1. Die Schalotten schälen und würfeln. Die Champignons kurz waschen, putzen und in Scheiben schneiden.
2. Die Spaghetti in sprudelndem Salzwasser bißfest garen, abgießen und gut abtropfen lassen.
3. Während die Nudeln kochen, die Margarine in einem Topf schmelzen lassen und die Schalotten darin goldgelb dünsten.
4. Die Erbsen dazugeben, die Brühe und die Sahne angießen und das Ganze bei mittlerer Hitze etwa 5 Minuten köcheln lassen.
5. Die Sauce mit Salz, Pfeffer und Muskat abschmecken. Die Champignons dazugeben und alles nochmals 3 Minuten köcheln lassen. Dann den Parmesan unterrühren.
6. Die Spaghetti auf vier Tellern verteilen, jeweils mit der Sauce übergießen und mit einem Petersilienzweig garnieren.

Tip

Dieses Rezept schmeckt auch mit Vollkornspaghetti sehr gut.

Variation

Anstelle der Champignons können Sie auch Austernpilze verwenden. Diese haben allerdings eine längere Garzeit als Champignons und sollten deshalb zusammen mit den Schalotten 6 bis 8 Minuten gedünstet werden, bevor Sie die Erbsen dazugeben.

Bandnudeln mit bunten Linsen

Zubereitungszeit
ca. 45 Min.

Zutaten für 4 Personen

2 Zwiebeln
2 Knoblauchzehen
2 rote Pfefferschoten
2 EL Sonnenblumenöl
1/4 Liter Gemüsebrühe
(aus Instantpulver)
150 g kleine bunte Linsen
150 g Sahne
(rote, grüne, gelbe)
350 g Bandnudeln
Salz
schwarzer Pfeffer aus der Mühle
1 EL Zitronensaft
1 Prise Zucker
3 EL gehackte Petersilie
4 Petersilienzweige zum Garnieren

So wird's gemacht

1. Die Zwiebeln und den Knoblauch schälen und fein würfeln. Die Pfefferschoten waschen, der Länge nach halbieren, entkernen und in feine Würfel schneiden.
2. Das Öl in einer Pfanne erhitzen und Zwiebeln, Knoblauch sowie Pfefferschoten darin kurz andünsten. Mit der Gemüsebrühe ablöschen und das Ganze etwa 10 Minuten einkochen lassen.
3. Die Linsen auf einem Sieb waschen, abtropfen lassen, dazugeben und alles etwa 15 Minuten bei milder Hitze weiterkochen lassen.
4. Inzwischen die Nudeln in sprudelndem Salzwasser bißfest garen.
5. Die Sauce mit Sahne verfeinern und mit Salz, Pfeffer, Zitronensaft und Zucker abschmecken. Zum Schluß die Petersilie unterheben.
6. Die Nudeln auf einem Sieb abtropfen lassen, auf vier Tellern verteilen und die Linsensauce darübergeben. Jede Portion mit einem Petersilienzweig garnieren.

Tip

Runden Sie den Geschmack der Linsensauce zusätzlich mit einigen Tropfen Obsessig ab.

Spaghetti mit Knoblauch-Sahne-Sauce

Zubereitungszeit
ca. 20 Min.

Zutaten für 4 Personen
400 g Vollkornspaghetti
2 TL Meersalz
4 Knoblauchzehen
250 g Sahne
1 TL Kräutersalz
2 EL gehackte Petersilie oder
1 EL gehackter Salbei

So wird's gemacht

1. Die Spaghetti in reichlich kochendem Salzwasser bißfest garen.
2. In der Zwischenzeit den Knoblauch schälen, durch eine Presse in die Sahne drücken das Ganze gut vermischen und mit dem Kräutersalz abschmecken.
3. Die Spaghetti auf einem Sieb abgießen und in einer vorgewärmten Schüssel sofort mit der Knoblauch-Sahne-Sauce vermischen. Vor dem Servieren die Petersilie darüberstreuen oder den Salbei daruntermischen.

(auf dem Foto: oben)

Variationen

Je nach Belieben können Sie die Anzahl der Knoblauchzehen bei diesem Rezept erhöhen oder verringern. „Unerschrockene" verwenden hier bis zu 8 Stück! Falls Sie Knoblauch gar nicht mögen, können Sie ersatzweise einen Bund feingehackte Frühlingszwiebeln (nur das Weiße nehmen) in Olivenöl anbraten.

Spaghetti mit kalter feuriger Tomatensauce

Zubereitungszeit
ca. 30 Min.

Zutaten für 4 Personen
800 g vollreife Tomaten
2 rote Paprikaschoten
10 schwarze Oliven
2 EL kaltgepreßtes Olivenöl
1/2 TL Cayennepfeffer
1/2 TL Chilipulver
1 TL getrockneter Rosmarin
2 TL edelsüßes Paprikapulver
2 TL Kräutersalz
nach Belieben 1–2 Knoblauchzehen
4 EL gehackte Petersilie, 4 EL Sahne
300 g Vollkornspaghetti, Meersalz
1 EL schwarze gehackte Oliven

So wird's gemacht

1. Die Tomaten waschen, vom Stielansatz befreien und in grobe Stücke schneiden. Die Paprikaschoten waschen, halbieren, jeweils die weißen Trennwände und die Kerne entfernen und das Fruchtfleisch ebenfalls in grobe Stücke schneiden.
2. Tomaten und Paprika mit einem Schneidstab pürieren. Das Püree durch ein Sieb streichen. Die Oliven entkernen, fein hacken und zusammen mit dem Olivenöl unter das Püree mischen. Die Sauce mit den Gewürzen kräftig abschmecken.
3. Nach Belieben die Knoblauchzehen durch eine Presse dazudrücken. Zum Schluß die gehackte Petersilie darunterrühren und die Sauce mit der Sahne verfeinern.
4. Die Spaghetti in reichlich kochendem Salzwasser bißfest garen, auf einem Sieb abtropfen lassen und zusammen mit der Sauce anrichten. Mit gehackten Oliven garnieren.

(auf dem Foto: Mitte)

Nudeln mit Pilz-Paprika-Sauce

Zubereitungszeit
ca. 45 Min.

Zutaten für 4 Personen
Für die Sauce:
500 g kleine Champignons
3 EL Butter
2 rote Paprikaschoten
4 EL feines Weizenvollkornmehl
1/2 Liter Gemüsebrühe
(aus Instantpulver)
2 TL rosenscharfes Paprikapulver
2 Msp. Cayennepfeffer
1 TL getrockneter Majoran
2 TL TK-Kräuter der Provence
6 EL Sahne
Außerdem:
300 g Vollkornspaghetti
Meersalz

So wird's gemacht

1. Die Pilze putzen, mit einem feuchten Tuch abwischen und halbieren. Kleine Pilze ganz lassen. Die Butter in einer Pfanne erhitzen und die Pilze darin anbraten. Die Paprikaschoten waschen, halbieren, die weißen Trennwände und die Kerne entfernen und das Fruchtfleisch in schmale Streifen schneiden.
2. Reichlich Salzwasser zum Kochen bringen. Die Paprikastreifen zu den Pilzen geben, alles mit dem Vollkornmehl bestäuben und es kurz anschwitzen lassen. Mit der Gemüsebrühe ablöschen und die Sauce unter Rühren 5 bis 8 Minuten köcheln lassen.
3. Inzwischen die Nudeln im Salzwasser bißfest garen. Die Sauce mit Gewürzen und Kräutern abschmecken und mit der Sahne verfeinern. Die Spaghetti auf einem Sieb abtropfen lassen und zusammen mit der Sauce anrichten.

(auf dem Foto: unten)

Spaghetti mit Pesto

Zubereitungszeit
ca. 15 Min.

Zeit zum Ruhen
ca. 1 Std.

Zutaten für 4 Personen

100 g frische Basilikumblätter (ca. 2 Bund)
2 Knoblauchzehen
5 EL geriebene Mandeln
1/8 Liter Sojaöl
4 EL frisch geriebener Pecorino (italienischer Schafskäse)
4 EL frisch geriebener Parmesan
Salz
schwarzer Pfeffer aus der Mühle
500 g Vollkornspaghetti
Basilikumblätter zum Garnieren
etwas geriebener Pecorino

So wird's gemacht

1. Die Basilikumblätter waschen, trockenschleudern und hacken. Die Knoblauchzehen schälen und durch die Knoblauchpresse drücken. Das Basilikum zusammen mit den Pinienkernen, den Knoblauchzehen und etwas Sojaöl in einem Mixer zu einem Mus verarbeiten.
2. Unter ständigem Rühren im Mixer abwechselnd 1 Eßlöffel der beiden Käsesorten, dann 1 Eßlöffel Öl hinzufügen. Diesen Vorgang so oft wiederholen, bis das ganze Öl und die beiden Käsesorten aufgebraucht sind.
3. Den Pesto mit Salz und Pfeffer würzen, in eine Schüssel füllen und mindestens 1 Stunde ruhen lassen. Dann die Vollkornspaghetti in reichlich sprudelndem Salzwasser bißfest garen, auf ein Sieb schütten und gut abtropfen lassen.
4. Während die Nudeln kochen, den Pesto im Wasserbad erwärmen, etwas Nudelkochwasser abschöpfen und damit den Pesto verdünnen.
5. Die Spaghetti portionsweise in tiefen Tellern anrichten, jeweils Pesto darübergeben und jeden Teller mit Basilikumblättern garnieren. Etwas geriebenen Pecorino separat dazu reichen.

Spaghetti-Tomaten-Topf

Zubereitungszeit
ca. 45 Min.

Zutaten für 4 Personen

250 g Spaghetti
Salz
1 Zwiebel
100 g Champignons
2 EL Öl
500 g vollreife Tomaten
Butter für die Form
4 Eier
1/4 Liter Milch
150 g saure Sahne
100 g Edelpilzkäse (50 % Fett i. Tr.)
schwarzer Pfeffer aus der Mühle
2 EL Butterflöcken

So wird's gemacht

1. Die Spaghetti in reichlich sprudelndem Salzwasser bißfest garen, auf ein Sieb schütten und gut abtropfen lassen.
2. Die Zwiebel schälen und fein hacken, die Champignons waschen, putzen und halbieren. Die Zwiebel im Öl anschwitzen lassen, dann die Champignons dazugeben und kurz dünsten. Die Tomaten überkreuz einritzen, heiß überbrühen, vom Stielansatz befreien, enthäuten und vierteln.
3. Den Backofen auf 220 °C vorheizen. Eine feuerfeste Form mit Butter ausstreichen. Die Spaghetti mit der Zwiebel-Champignons-Mischung sowie den Tomatenvierteln mischen und hineingeben.
4. Die Eier mit Milch und saurer Sahne verquirlen. Den Käse zerbröckeln, einrühren, das Ganze salzen und pfeffern und über den Spaghetti-Tomaten-Topf gießen. Mit Butterflöckchen besetzen und im Ofen 20 bis 30 Minuten goldbraun überbacken.

Tip

Sahnegorgonzola ist für dieses Rezept besonders gut geeignet.

Aufläufe und Gratins

Direkt aus dem Ofen heiß und dampfend auf den Tisch: Saftige Aufläufe und lockere Gratins lassen einem leicht das Wasser im Mund zusammenlaufen. Dabei können Sie diese Gerichte nicht nur ohne großen Aufwand zubereiten, sie sind auch sättigende und wohlschmeckende Mahlzeiten. Aufläufe und Gratins sind vor allem dann ein ideales Essen, wenn Sie eine Einladung geben. Ist das Ganze erst einmal im Ofen, können Sie sich in Ruhe Ihren Gästen widmen.

Champignongratin
Rezept Seite 100

Gersten-Karotten-Auflauf

Zubereitungszeit
ca. 1 Std. 30 Min.

Zutaten für 4 Personen
200 g Gerstengrütze
1/2 Liter Gemüsebrühe
(aus Instantpulver)
1/4 Liter trockener Weißwein
2 Zwiebeln
3 mittelgroße Karotten (ca. 300 g)
300 g Teltower Rübchen
4 EL Butter
2 EL gehackter Estragon
Fett für die Form
Für die Sauce:
4 EL Butter, 4 EL Weizenmehl
1/2 Liter Milch
160 g geriebener mittelalter Gouda
frisch geriebene Muskatnuß

So wird's gemacht

1. Die Grütze zusammen mit der Gemüsebrühe und dem Wein in einen Topf geben. Das Ganze zum Kochen bringen, etwa 5 Minuten köcheln lassen. Dann die Hitze reduzieren und die Gerste zugedeckt bei schwacher Hitze in 10 bis 20 Minuten ausquellen lassen.
2. Inzwischen die Zwiebel schälen und grob hacken. Die Karotten und die Rübchen schälen und würfeln. Das Gemüse in der Butter andünsten, wenig Wasser angießen und das Gemüse bißfest garen. Den Backofen auf 175 °C vorheizen.
3. Für die Sauce die Butter in einem Topf schmelzen lassen. Das Mehl darin anschwitzen, mit der Milch nach und nach ablöschen, unter Rühren aufkochen lassen und anschließend bei schwacher Hitze etwa 5 Minuten köcheln lassen. Den Käse löffelweise dazugeben und unter Rühren schmelzen lassen. Die Sauce kräftig mit Muskatnuß würzen.
4. Den Estragon unter die Gerstengrütze rühren. Eine feuerfeste Auflaufform ausfetten. Die Käsesauce mit der Grütze und dem Gemüse mischen und alles in die Form füllen. Den Auflauf in den Ofen geben und etwa 40 Minuten backen.

(auf dem Foto oben)

Tip

Gerstengrütze erhalten Sie in Reformhäusern.

Roggenauflauf

Zubereitungszeit
ca. 1 Std. 45 Min.

Zeit zum Quellen
ca. 10 Std.

Zutaten für 4 Personen
150 g Roggen
400 ml Gemüsebrühe
(aus Instantpulver)
500 g Kartoffeln
2 mittelgroße Karotten
4 EL Walnußöl
Salz
schwarzer Pfeffer aus der Mühle
4 Eier
200 g Crème fraîche
1 EL Fett für die Form
Currypulver
4 EL gehackter Majoran
100 g geriebener Greyerzer

So wird's gemacht

1. Den Roggen auf einem Sieb waschen und zusammen mit der Gemüsebrühe in einen Topf geben. Den Topf verschließen und die Körner etwa 10 Stunden quellen lassen.
2. Die Körner in der Brühe bei milder Hitze etwa 45 Minuten garen. Inzwischen die Kartoffeln und die Karotten jeweils schälen und grob raspeln. Das Walnußöl in einer Pfanne erhitzen und Kartoffeln und Karotten darin kurz anbraten. Dann mit Salz und Pfeffer würzen.
3. Die Eier mit der Crème fraîche verquirlen und unter die Gemüsemischung rühren. Eine feuerfeste Auflaufform ausfetten. Den Roggen abgießen, auf einem Sieb abtropfen lassen und in einer Schüssel mit Currypulver und Majoran würzen.
4. Eine Schicht Gemüsemischung auf den Boden der Auflaufform geben, dann eine Schicht Roggen darübergeben. Diesen Vorgang so oft wiederholen, bis beide Zutaten aufgebraucht sind. Mit Gemüsemischung abschließen. Den Auflauf mit dem Käse bestreuen, in den kalten Backofen stellen und etwa 45 Minuten bei 200 °C backen.

(auf dem Foto unten)

Variation

Probieren Sie einmal einen Roggenauflauf mit Gemüse. Hierfür zwei Eßlöffel Butter erhitzen und eine feingehackte Zwiebel darin andünsten. Eine in Ringe geschnittene Lauchstange, eine gewürfelte rote Paprikaschote und 100 g blanchierte Erbsen hinzufügen und kurz mitdünsten. Mit 1/2 Liter Gemüsebrühe ablöschen und etwa 15 Minuten köcheln lassen. Dann 150 g gegarten, abgetropften Roggen darunterrühren. 3 Eßlöffel gehackte Petersilie, 2 Eßlöffel gehackte Zitronenmelisse, 2 Eier und 100 g geriebenen Gouda hinzufügen. Das Ganze salzen, pfeffern und in eine ausgefettete Auflaufform füllen. Mit 100 g in Scheiben geschnittenem Mozzarella belegen und im Ofen bei 200 °C 15 bis 20 Minuten backen.

Bunter Gemüseauflauf

Zubereitungszeit
ca. 1 Std.

Zutaten für 4 Personen

- *2 rote Paprikaschoten*
- *3 Zucchini*
- *500 g Brokkoli*
- *3 mittelgroße Karotten*
- *Fett für die Form*
- *125 ml Gemüsebrühe (aus Instantpulver z.B. „Maggi Klare Gemüsesuppe")*
- *250 g Crème fraiche*
- *100 g geriebener Gouda*

So wird's gemacht

1. Die Paprikaschoten waschen, putzen, von Kernen und weißen Innenhäuten befreien und in schmale Streifen schneiden. Die Zucchini waschen, putzen und in dünne Scheiben schneiden. Die Brokkoli ebenfalls waschen, den Strunk wegschneiden und den Rest in Röschen zupfen. Die Karotten schälen und fein raspeln.
2. Den Backofen auf 200 °C vorheizen. Eine feuerfeste Auflaufform ausfetten. Paprika, Zucchini und Brokkoli hineinschichten und die Karottenraspel auf dem Gemüse verteilen. Die Gemüsebrühe mit der Crème fraîche verrühren und über den Auflauf gießen.
3. Das Ganze in den Ofen geben und etwa 20 Minuten backen. Dann den Käse über den Auflauf streuen und alles nochmals 20 Minuten überbacken.

Tip

Dazu paßt Vollkornreis, der zusammen mit einer Messerspitze Safran gegart wurde.

Variation

Sie können das Rezept verfeinern, indem sie 1 Bund gehackte Petersilie, 1/2 Bund Zitronenmelisse und einige Blätter Löwenzahn unter das Gemüse mischen.

Kartoffel-Grünkern-Auflauf

Zubereitungszeit
ca. 1 Std. 30 Min.

Zutaten für 4 Personen
2 Zwiebeln, 3 EL Sojaöl
200 g grobes Grünkernvollkornschrot
1/2 Liter Gemüsebrühe
(aus Instantpulver)
4 Eier
150 g Crème fraîche
750 g Kartoffeln
Salz, Pfeffer aus der Mühle
frisch geriebene Muskatnuß
2 EL Kerbel, 125 g Schmand
300 g Rote-Bete-Kugeln
(aus dem Glas)
einige Petersilienblättchen
zum Garnieren

So wird's gemacht

1. Zwiebeln schälen und fein würfeln. 2 Eßlöffel Sojaöl erhitzen und Zwiebeln sowie Grünkernschrot darin anschwitzen. Mit Brühe ablöschen und bei milder Hitze zugedeckt 30 Minuten garen. Inzwischen Eier mit Crème fraîche verquirlen. Kartoffeln schälen und grob in die Eimasse reiben, damit sie nicht braun werden. Die Mischung kräftig mit Salz, Pfeffer und Muskat würzen.
2. Den Backofen auf 200° C vorheizen. Mit dem restlichen Öl eine Auflaufform ausfetten. Die Hälfte der Kartoffelmasse in die Form geben, den Grünkern darüberschichten und die restliche Kartoffelmasse darauf verteilen. Im Ofen 45 Minuten goldbraun backen.
3. Inzwischen den Kerbel unter den Schmand rühren und diesen salzen und pfeffern. Die Rote-Bete-Kugeln in eine Schale geben und zusammen mit dem Kartoffel-Grünkern-Auflauf und dem Kerbelrahm anrichten. Den Auflauf vor dem Servieren mit Petersilie garnieren.

Kartoffelgratin mit Sauerkraut

Zubereitungszeit
ca. 1 Std. 15 Min.

Zutaten für 4 Personen
500 g Kartoffeln, Meersalz
frisch geriebene Muskatnuß
weißer Pfeffer aus der Mühle
4 EL Crème fraîche
2 EL gehackte Petersilie
1 Zwiebel, 2 EL Butter
400 g unerhitztes Sauerkraut
1 Apfel, 1 Lorbeerblatt
einige Nelken und Wacholderbeeren
150 ml Gemüsebrühe
(aus Instantpulver)
Fett für die Form
6 EL geriebener Käse

So wird's gemacht

1. Die Kartoffeln waschen, in Salzwasser 20 bis 30 Minuten garen, herausnehmen, schälen und durch die Kartoffelpresse drücken. Mit Salz, Muskat und Pfeffer würzen.
2. Crème fraîche und Petersilie mit dem Schneebesen schaumig schlagen. Zwiebel schälen und würfeln.
3. Die Butter erhitzen und die Zwiebel darin anschwitzen. Das Sauerkraut zerpflücken, dazugeben und kurz mitschwitzen.
4. Den Apfel waschen, halbieren, vom Kerngehäuse befreien, fein würfeln und mit den Gewürzen zum Sauerkraut geben. Gemüsebrühe angießen und das Sauerkraut bei milder Hitze 15 Minuten köcheln lassen.
5. Den Backofen auf 180° C vorheizen. Eine Auflaufform ausfetten und das Kartoffelpuree und das Sauerkraut hineinschichten.
6. Den Kartoffelauflauf 25 Minuten backen, 10 Minuten vor Ende der Garzeit mit dem Käse bestreuen.

(auf dem Foto: oben)

Kartoffel-Mangold-Auflauf

Zubereitungszeit
ca. 1 Std. 30 Min.

Zutaten für 4 Personen
800 g mehlig kochende Kartoffeln
Meersalz, Kümmel
1 Zwiebel
1 Knoblauchzehe
600 g Mangold, 2 EL Butter
schwarzer Pfeffer aus Mühle
frisch geriebene Muskatnuß
4 Tomaten, 100 ml Milch
100 g Sahne, Fett für die Form
5 EL geriebener Gouda

So wird's gemacht

1. Die Kartoffeln waschen und zusammen mit etwas Kümmel in Salzwasser zugedeckt bei mäßiger Hitze 20 bis 30 Minuten köcheln lassen.
2. Die Zwiebel und den Knoblauch schälen und fein hacken. Den Mangold verlesen, waschen und grob hacken. Die Butter in einer Pfanne erhitzen und die Zwiebel und den Knoblauch darin andünsten. Den Mangold dazugeben, kurz andünsten, mit Meersalz, Pfeffer und Muskat kräftig würzen.
3. Die Tomaten waschen, vom Stielansatz befreien und in Scheiben schneiden. Die Kartoffeln schälen und durch die Kartoffelpresse drücken. Mit der Milch und der Sahne schaumig schlagen, mit Salz und Pfeffer würzen.
4. Den Backofen auf 180° C vorheizen. Eine Auflaufform ausfetten und das Kartoffelpüree, den Mangold und die Tomatenscheiben schichtweise hineingeben.
5. Den Auflauf etwa 30 Minuten backen, in den letzten 10 Minuten den Käse darüberstreuen.

(auf dem Foto: Mitte)

Kartoffel-Quark-Auflauf

Zubereitungszeit
ca. 1 Std. 15 Min.

Zutaten für 4 Personen
600 g Kartoffeln, Meersalz
1 EL Kümmel, 2 Zwiebeln
3 mittelgroße Karotten (ca. 250 g)
250 g Schwarzwurzeln
150 g frische Erbsen
250 g Quark
150 g Sahne, 1 Ei
1 EL gehackter Majoran
schwarzer Pfeffer aus der Mühle
frisch geriebene Muskatnuß
Fett für die Form
4 EL Schnittlauchröllchen

So wird's gemacht

1. Die Kartoffeln waschen und zusammen mit dem Kümmel in Salzwasser in 20 bis 30 Minuten gar kochen. Dann schälen und in 1 cm dicke Scheiben schneiden. Die Zwiebeln schälen und in Scheiben schneiden.
2. Die Karotten schälen und in feine Scheiben schneiden. Die Schwarzwurzeln schälen, waschen und in Stücke schneiden.
3. Karotten, Schwarzwurzeln und Erbsen kurz blanchieren und mit eiskaltem Wasser abschrecken, damit die Farbe der Gemüse besser erhalten bleibt.
4. Den Backofen auf 180° C vorheizen. Den Quark mit der Sahne, dem Ei und dem Majoran glattrühren und mit Meersalz, Pfeffer und Muskat kräftig würzen.
5. Alle Zutaten schichtweise in eine gefettete Auflaufform geben. Die Quarkmasse über dem Auflauf verteilen und das Ganze etwa 30 Minuten backen, herausnehmen und mit Schnittlauch bestreuen.

(auf dem Foto: unten)

Sommer-Auflauf

Zubereitungszeit
ca. 1 Std.

Zutaten für 4 Personen

400 g Kartoffeln
2 mittelgroße Karotten
1 große Stange Lauch
2 Zucchini
1 Zwiebel
1 TL Öl (z.B. Biskin-Öl)
1 Knoblauchzehe
6 frische Salbeiblätter
Fett für die Form
150 g Kräuterfrischkäse
(z.B. Boursin mit frischen Kräutern)
250 g Tomaten
Meersalz
schwarzer Pfeffer aus der Mühle
3 EL frisch geriebener Parmesan

So wird's gemacht

1. Die Kartoffeln und Karotten schälen und jeweils in dünne Scheiben schneiden. Lauch und Zucchini waschen, putzen und ebenfalls in Scheiben schneiden. Reichlich Salzwasser zum Kochen bringen. Zuerst die Kartoffelscheiben 5 Minuten blanchieren, dann Karotten und Zucchini 3 Minuten und schließlich den Lauch 1 Minute. Das Gemüse beiseite stellen.
2. Die Zwiebel schälen und grob hacken. Das Öl in einer Pfanne erhitzen und die Zwiebel darin glasig braten. Die Knoblauchzehe schälen, durch eine Knoblauchpresse in die Pfanne drücken und kurz anbraten. 4 Salbeiblätter mit einem feuchten Tuch abwischen, dazugeben und ebenfalls kurz andünsten. Dann die Pfanne vom Herd nehmen.
3. Den Backofen auf 200° C vorheizen. Eine Auflaufform ausfetten und die Hälfte der Kartoffeln hineingeben. Den Kräuterfrischkäse in Stücke schneiden und die Hälfte davon auf die Kartoffeln geben. Etwa zwei Drittel des restlichen Gemüses darauf verteilen, dann die restlichen Kartoffeln darübergeben. Die Zwiebel-Knoblauch-Mischung auf die Kartoffeln geben und das Ganze mit dem übrigen Käse bestreuen.
4. Die Tomaten überkreuz einritzen, mit kochend heißem Wasser überbrühen, vom Stielansatz befreien, enthäuten und in Scheiben schneiden. Diese auf dem Auflauf verteilen. Das restliche Gemüse um die Tomatenscheiben herum verteilen. Alles mit Salz und Pfeffer würzen, mit restlichen Salbeiblättern und Parmesan bestreuen und im Ofen 30 Minuten überbacken.

Auberginen-Zucchini-Auflauf mit Fenchelhaube

Zubereitungszeit
ca. 1 Std.

Zutaten für 4 Personen

1 große Aubergine (ca. 500 g)
750 g kleine Zucchini
400 g Zwiebeln, 4 Knoblauchzehen
Salz, Pfeffer aus der Mühle
500 g Fenchelknollen mit Grün
250 g Schmand, 2 Eier
4 EL frisch geriebener Parmesan
150 ml kaltgepreßtes Olivenöl
(z.B. „Olio Dante")

So wird's gemacht

1. Aubergine und Zucchini waschen, putzen und jeweils in 1 cm dicke Scheiben schneiden. Zwiebeln schälen, in Ringe schneiden. Knoblauch schälen und durchpressen.
2. Die Fenchelknollen waschen, putzen, raffeln und mit 2 Eßlöffeln feingeschnittenem Fenchelgrün vermischen. Die Eier mit dem Schmand und dem Parmesan verrühren, die Masse salzen und pfeffern und mit dem Fenchel vermengen.
3. Die Auberginen- und Zucchinischeiben in jeweils 2 Eßlöffeln Olivenöl portionsweise von beiden Seiten goldbraun braten. Herausnehmen, abtropfen lassen, salzen, pfeffern und beiseite stellen. Zwiebeln und Knoblauch im restlichen Öl hellgelb schwitzen und herausnehmen.
4. Den Backofen auf 200° C vorheizen. Den Boden einer Auflaufform mit Zucchinischeiben belegen, einige Zwiebelringe mit Knoblauch darüber verteilen, Auberginenscheiben darüberschichten, Zwiebelringe und Knoblauch darübergeben und mit einer Schicht Zucchini abschließen. Fenchel-Schmand-Masse darüberstreichen und 40 Minuten backen.

Austernpilz-Kartoffel-Auflauf

Zubereitungszeit
ca. 45 Min.

Zutaten für 4 Personen
500 g mehligkochende Kartoffeln
Salz
1/4 Liter heiße Milch
1 EL Butter
weißer Pfeffer aus der Mühle
frisch geriebene Muskatnuß
750 g Austernpilze
2 Zwiebeln
2 Knoblauchzehen
2 EL Öl
1 TL getrocknetes Basilikum
Fett für die Form
100 g Gorgonzola
2 EL Schnittlauchröllchen

So wird's gemacht

1. Die Kartoffeln schälen, in Würfel schneiden und in Salzwasser etwa 15 Minuten garen. Dann durch eine Kartoffelpresse drücken. Die heiße Milch unter die Masse rühren, die Butter hinzufügen und das Püree mit Salz, Pfeffer und Muskat abschmecken.
2. Den Backofen auf 200 ° C vorheizen. Die Austernpilze putzen, dabei die harten Strünke entfernen, und kleinschneiden.
3. Die Zwiebeln schälen und fein hacken. Die Knoblauchzehen schälen und durch die Presse drücken.
4. Das Öl in einer Pfanne erhitzen und die Zwiebeln darin anschwitzen. Die Austernpilze dazugeben und so lange dünsten, bis die Flüssigkeit fast verdampft ist.
5. Dann den Knoblauch einrühren, kurz anbraten und die Pilze mit Salz, Pfeffer und Basilikum kräftig würzen.
6. Eine Auflaufform ausfetten. Das Kartoffelpüree mit den Pilzen mischen, mit Muskat abschmecken und in die Form füllen. Den Gorgonzola mit einer Gabel zerdrücken und darübergeben. Das Ganze in den Ofen geben und 25 Minuten überbacken. Den Auflauf vor dem Servieren mit Schnittlauchröllchen bestreuen.

(auf dem Foto: oben)

Tip

Sehr hübsch sieht es aus, wenn Sie den Auflauf, wie auf unserem Foto, in einer Kuchenform backen und ihn vor dem Backen mit einigen schönen Austernpilzen garnieren.

Variationen

Je nach Geschmack können Sie die Austernpilze durch Champignons oder Egerlinge ersetzen. Besonders delikat schmeckt der Auflauf, wenn Sie ihn mit frischen gemischten Waldpilzen (Pfifferlinge, Steinpilze, Maronen) zubereiten. Mischen Sie dann noch 1 Bund gehackte Petersilie unter die gebratenen Pilze.

Wirsing-Gorgonzola-Auflauf

Zubereitungszeit
ca. 1 Std.

Zutaten für 4 Personen
1 kg Wirsing
Meersalz
250 g Sahnegorgonzola
100 g Crème fraîche
1 Bund Schnittlauch
schwarzer Pfeffer aus der Mühle
Fett für die Form
4 EL Mandelstifte

So wird's gemacht

1. Den Backofen auf 200° C vorheizen. Den Wirsingkopf waschen, putzen und achteln, dabei den Strunk entfernen. Reichlich Salzwasser zum Kochen bringen.
2. Die Wirsingachtel portionsweise für jeweils 8 Minuten im Salzwasser blanchieren, dann eiskalt abschrecken und auf einem Sieb sehr gut abtropfen lassen.
3. Den Gorgonzola mit einer Gabel zerdrücken und mit der Crème fraîche vermischen. Den Schnittlauch waschen, trockenschleudern, in feine Röllchen schneiden und dazugeben. Die Masse mit Salz und Pfeffer würzen.
4. Eine feuerfeste Auflaufform ausfetten. Die Wirsingachtel nebeneinander hineinlegen. Mit der Käsemischung übergießen und mit den Mandelstiften bestreuen.
5. Den Auflauf in den Ofen schieben und etwa 25 Minuten überbacken, bis die Oberfläche goldbraun ist.

(auf dem Foto: unten)

Fenchelgratin mit Kräuterkruste

Zubereitungszeit
ca. 40 Min.

Zutaten für 4 Personen
4 Fenchelknollen (à ca. 150 g) mit Grün
1/4 Liter trockener Weißwein
1/2 TL Fenchelsamen
2 Knoblauchzehen
1 kleine Zwiebel
2 EL kaltgepreßtes Olivenöl
6 Tomaten
Meersalz
schwarzer Pfeffer aus der Mühle
2 Bund frische gehackte Kräuter (Basilikum, Oregano, Thymian, Petersilie)
Butter für die Form
2 EL eingeweichtes Weizenvollkornschrot
5 EL frisch geriebener Parmesan
abgeriebene Schale von 1/2 unbehandelten Zitrone
1 EL Butterflöckchen

So wird's gemacht

1. Die Fenchelknollen putzen, waschen, halbieren und etwas Fenchelgrün beiseite legen. Den Strunk herausschneiden, falls er holzig ist. Den Fenchel im Weißwein zusammen mit den Fenchelsamen bißfest dünsten.
2. Die Knoblauchzehen und die Zwiebel jeweils schälen und fein hacken. Das Olivenöl erhitzen und die Zwiebel zusammen mit dem Knoblauch darin glasig dünsten.
3. Die Tomaten waschen, vom Stielansatz befreien, das Fruchtfleisch würfeln, zur Zwiebel geben und andünsten.
4. Die Tomatensauce salzen und pfeffern, mit einem Teil der Kräuter würzen und auf die Hälfte einkochen lassen.
5. Den Backofen auf 225° C vorheizen. Eine feuerfeste Auflaufform mit Butter ausfetten, die Fenchelknollen hineinlegen und mit der Tomatensauce übergießen.
6. Das Weizenvollkornschrot mit den restlichen Kräutern, dem Käse und der Zitronenschale mischen und über die Knollen verteilen. Die Butterflöckchen daraufsetzen. Das Ganze im Ofen etwa 15 Minuten gratinieren und vor dem Servieren mit etwas Fenchelgrün garnieren.

Gratinierter Staudensellerie

Zubereitungszeit
ca. 45 Min.

Zutaten für 4 Personen
600 g Staudensellerie
300 ml Gemüsebrühe (aus Instantpulver)
2 Zwiebeln
1 TL kaltgepreßtes Olivenöl
frisch geriebene Muskatnuß
Meersalz
weißer Pfeffer aus der Mühle
6 EL saure Sahne
3 EL geriebener Emmentaler
2 EL eingeweichtes grobes Dinkelvollkornschrot
2 Tomaten
2 EL feingehacktes Basilikum

So wird's gemacht

1. Den Staudensellerie putzen, waschen, in etwa 10 cm lange Stücke schneiden und in der Brühe bißfest garen.
2. Die Zwiebeln schälen und in feine Würfel schneiden. Das Öl in einer Auflaufform erhitzen und die Zwiebelwürfel darin andünsten.
3. Den Sellerie abtropfen lassen und auf die Zwiebeln legen. Mit Muskatnuß, Meersalz und Pfeffer würzen. Die saure Sahne mit dem Käse und dem Dinkelvollkornschrot verrühren und über den Sellerie geben.
4. Den Backofen auf 220° C vorheizen. Die Tomaten waschen, vom Stielansatz befreien, das Fruchtfleisch würfeln und mit dem Basilikum mischen.
5. Die Tomaten-Basilikum-Mischung auf dem Gratin verteilen, dieses in den Ofen geben und etwa 10 Minuten überbacken.

Polentagratin

Zubereitungszeit
ca. 25 Min.

Zeit zum Quellen
ca. 20 Min.

Zutaten für 4 Personen
400 ml Gemüsebrühe
(aus Instantpulver)
400 ml Milch
2 TL Fenchelsamen
160 g geschroteter Mais
oder Polentagrieß
2 EL kalte Butter
8 EL frisch geriebener Parmesan
etwas Vollmeersalz
Butter für die Form
1 Zucchino
2 Zweige Rosmarin
4 EL leicht geschlagene Sahne

So wird's gemacht

1. Die Gemüsebrühe zusammen mit der Milch in einem Topf zum Kochen bringen. Den Fenchelsamen im Mörser grob zerstoßen und mit dem geschroteten Mais oder Polentagrieß vermischen.
2. Die Fenchelsamen-Mais-Mischung in die Gemüsebrühe einrühren. Die Herdplatte ausschalten und den Mais im geschlossenen Topf etwa 20 Minuten auf der ausgeschalteten Platte quellen lassen. Dann die Butter zusammen mit 4 Eßlöffeln Parmesan in den Mais rühren. Mit Vollmeersalz abschmecken.
3. Eine flache, feuerfeste Form mit Butter auspinseln, die Polenta hineinfüllen und glattstreichen. Die Schicht sollte etwa 1 cm hoch sein. Die Polenta etwas abkühlen lassen, dabei wird sie auch ein wenig fester.
4. Inzwischen den Zucchino waschen, putzen und in sehr dünne Scheiben hobeln. Einige Scheiben zum Garnieren beiseite legen. Den Rosmarin waschen, trockentupfen, die Nadeln abziehen und diese kleinschneiden. Etwas Rosmarin zum Garnieren beiseite legen.
5. Den Backofen auf 220° C vorheizen. Auf die Polenta erst den Rosmarin streuen, dann die Zucchinoscheiben schuppenartig darauflegen. Die Sahne daraufstreichen und sie mit dem restlichen Parmesan bestreuen. Alles im Backofen 10 bis 15 Minuten gratinieren.
6. Das Polentagratin aus dem Ofen nehmen und einige Minuten leicht abkühlen lassen, dann können Sie es besser schneiden. Das Gratin in gleichmäßig große Stücke schneiden und auf vorgewärmten Tellern anrichten. Jeden Teller mit einem Rosmarinzweiglein und einigen Zucchinischeiben garnieren.

(auf dem Foto oben)

Tomatenquiche

Zubereitungszeit
ca. 45 Min.

Zeit zum Kühlen
ca. 30 Min.

Zutaten für 4 Personen
Für den Mürbeteig:
135 g feingemahlener Dinkel
135 g feingeriebene Haselnüsse
125 g kalte Butter in Stückchen
1 Ei, 1 Msp. Vollmeersalz
Für den Belag:
160 g Emmentaler oder Gouda
6 Zwiebeln
8 EL kaltgepreßtes Sonnenblumenöl
700 g Tomaten
250 g Sahne
2 Eier
etwas Kräutersalz
schwarzer Pfeffer aus der Mühle
Petersilienzweige zum Garnieren

So wird's gemacht

1. Alle Teigzutaten mit kühlen Händen sehr schnell zu einem glatten Teig verarbeiten. Den Teig nicht zu lange kneten, sonst wird er beim Backen brüchig.
2. Den Teig in eine nicht ausgefettete Tarte-oder Quicheform (26 cm Ø) legen und darin möglichst dünn ausrollen. Die Form für etwa 30 Minuten in das Tiefkühlfach stellen. Dann den Backofen auf 220° C vorheizen und den Teig 5 Minuten darin vorbacken.
3. Den Backofen erneut auf 220° C vorheizen. Den Käse in dünne Scheiben schneiden und den Mürbeteigboden damit belegen. Die Zwiebeln schälen und in kleine Würfel schneiden.
4. Das Öl in einer Pfanne erhitzen, die Zwiebeln darin anschwitzen und auf dem Mürbeteigboden verteilen. Die Tomaten waschen, vom Stielansatz befreien und das Fruchtfleisch in Scheiben schneiden. Diese auf den Zwiebeln verteilen.
5. Die Sahne mit Eiern, Kräutersalz und Pfeffer mit dem Schneebesen verquirlen oder im Mixer mischen und diese Flüssigkeit über die Tomaten gießen.
6. Die Quiche im Backofen etwa 25 Minuten backen. In gleichmäßig große Stücke schneiden und auf vorgewärmten Tellern anrichten. Jeden Teller mit Petersilie garnieren.

(auf dem Foto unten)

Tip

Diese Tomatenquiche schmeckt auch kalt sehr gut und kann daher als Büromahlzeit mitgenommen werden.

Zarte Spätzle

Zubereitungszeit
ca. 30 Min.

Zeit zum Quellen
ca. 10 Min.

Zutaten für 4 Personen

Für den Teig:
200 g Quark, 2 Eier
Vollmeersalz
4 EL Schnittlauchröllchen
200 g feingemahlener Dinkel

Außerdem:
2 EL kaltgepreßtes Sonnenblumenöl
6 EL Butter
schwarzer Pfeffer aus der Mühle
Kräutersalz

So wird's gemacht

1. Für den Spätzleteig den Quark, die Eier, 1 Teelöffel Salz und die Schnittlauchröllchen in einer Schüssel mischen.
2. Den Dinkel hinzufügen und alles mit dem Knethaken des Handrührgeräts in 5 Minuten zu einem Teig verkneten, der Blasen wirft. Den Teig etwa 10 Minuten quellen lassen.
3. In einem Topf reichlich Wasser zusammen mit einem Schuß Öl und etwas Salz zum Kochen bringen. Die Hitze reduzieren und den Teig mit einem Spätzlehobel in das wallende Wasser schaben.
4. Die Spätzle nach 1 Minute mit dem Schaumlöffel herausnehmen und sofort mit kaltem Wasser abschrecken. Die Butter in einer Pfanne schmelzen, die Spätzle darin schwenken und sie dann mit Pfeffer und Kräutersalz abschmecken.

(auf dem Foto : oben)

Gemüselasagne

Zubereitungszeit
ca. 1 Std. 15 Min.

Zeit zum Ruhen
ca. 1 Std.

Zutaten für 4 Personen

Für den Teig:
250 g feingemahlener Hartweizen
100 g feingemahlener Dinkel
4 Eier, 4 Eigelb
2 TL kaltgepreßtes Olivenöl
2 Msp. Vollmeersalz

Für die Füllung:
2 mittelgroße Karotten (ca. 200 g)
2 Zucchini (ca. 200 g)
500 g geschlagene Sahne
8 EL gemischte feingehackte Kräuter nach Marktangebot (z. B. Petersilie, Dill, Schnittlauch, Liebstöckel oder Kerbel), etwas Kräutersalz
schwarzer Pfeffer aus der Mühle
Butter für die Form
8 EL frisch geriebener Parmesan
2 EL Pinienkerne
2 EL kaltgepreßtes Olivenöl

Außerdem:
1 Prise Vollmeersalz
1 EL kaltgepreßtes Sonnenblumenöl

So wird's gemacht

1. Das Mehl auf eine Arbeitsfläche sieben und in die Mitte eine Vertiefung drücken. Die Eier, Eigelbe, etwas Öl und Salz in die Vertiefung geben, dann vom Rand etwas Mehl unterrühren und nach und nach das gesamte Mehl mit den Händen unter die Ei-Mehl-Mischung kneten. Restliches Öl hinzufügen und die Masse 10 Minuten weiterkneten, bis ein geschmeidiger, glatter Teig entsteht. Wenn der Teig zu trocken ist, tropfenweise etwas Wasser hinzufügen. Den Teig in ein feuchtes Tuch wickeln, etwa 1 Stunde ruhen lassen.
2. Dann den Teig dünn ausrollen und auf die Größe der zu verwendenden Auflaufform Quadrate bzw. Teigplatten ausschneiden. Die Teigplatten in reichlich kochendem Wasser zusammen mit etwas Salz und dem Öl 4 bis 5 Minuten kochen. Sie anschließend mit kaltem Wasser abschrecken und auf einem Tuch trocknen.
3. Die Karotten schälen, die Zucchini waschen und putzen. Die Gemüsesorten jeweils auf einer Rohkostreibe in Streifen raspeln und in wenig Wasser dämpfen. Die Karottenstreifen etwa 1 1/2 Minuten, die Zucchinistreifen etwa 1/2 Minute dämpfen.
4. Die geschlagene Sahne mit zwei Dritteln der Kräuter mischen und mit Kräutersalz und Pfeffer kräftig würzen. Den Backofen auf 250 °C vorheizen. Eine Auflaufform mit Butter ausstreichen.
5. Die Form mit einer Schicht Nudelplatten auslegen. Darauf die Karotten verteilen, etwas von der Kräutersahne darüberstreichen und sie mit etwas Parmesan bestreuen. Dann folgt wieder eine Schicht Nudelplatten. Darauf kommen Zucchinistreifen, Kräutersahne und Parmesan. Diese Schicht mit den restlichen Nudelplatten abdecken, mit der restlichen Kräutersahne bestreichen, den restlichen Parmesan, die restlichen Kräuter und die Pinienkerne darauf streuen. Zuletzt alles mit Olivenöl beträufeln.
6. Die Lasagne im Backofen 15 bis 20 Minuten backen und dann sofort servieren.

(auf dem Foto: unten)

Lauchtorte

Zubereitungszeit
ca. 1 Std.

Zeit zum Kühlen
ca. 1 Std.

Zutaten für 4 Personen

Für den Mürbeteig:

135 g feingemahlener Dinkel
135 g feingeriebene Haselnüsse
125 g kalte Butter in Stückchen
1 Ei
1 Msp. Vollmeersalz

Für die Füllung:

1 kg Lauch
4 EL Butterschmalz (z.B. Butaris)
1/4 Liter Gemüsebrühe (aus Instantpulver)
1/8 Liter trockener Weißwein
2 Eier
1 Eigelb
2 EL gesiebtes Weizenvollkornmehl
150 g Crème fraîche
100 g frisch geriebener Emmentaler oder Gouda
Kräutersalz
schwarzer Pfeffer aus der Mühle

So wird's gemacht

1. Alle Teigzutaten mit kühlen Händen sehr schnell zu einem glatten Teig verarbeiten. Den Teig nicht zu lange kneten, sonst wird er beim Backen brüchig.
2. Den Teig in eine nicht ausgefettete Tarte-oder Quicheform (26 cm Ø) legen und darin möglichst dünn ausrollen. Die Form für etwa 30 Minuten in das Tiefkühlfach stellen. Dann den Backofen auf 220° C vorheizen und den Teig 5 Minuten darin vorbacken.
3. Den Backofen erneut auf 220 ° C vorheizen. Für die Füllung den Lauch putzen, gründlich waschen und in Ringe schneiden. Das Butterschmalz in einer Pfanne erhitzen und die Lauchringe darin andünsten. Mit Gemüsebrühe und Weißwein ablöschen und das Gemüse 5 Minuten köcheln lassen. Dann herausheben und abtropfen lassen.
4. Eier, Eigelb, Weizenvollkornmehl, Crème fraîche und die Hälfte vom Käse verquirlen und die Masse mit Kräutersalz und Pfeffer kräftig würzen. Den restlichen Käse auf den Mürbeteig streuen. Das Lauchgemüse darübergeben und dann die Eier-Käse-Milch darübergießen.
5. Die Lauchtorte auf die mittlere Einschubleiste des Backofens geben und etwa 25 Minuten backen.

Kartoffelgratin

Zubereitungszeit
ca. 50 Min.

Zutaten für 4 Personen

1 kg festkochende Kartoffeln	
1 Prise Meersalz	
2 Stangen Lauch	
1 Bund Frühlingszwiebeln	
1 EL Butterschmalz (z.B. Butaris) für die Form	
125 g Sahne	
1/8 Liter Milch	
2 Eier	
5 EL frisch geriebener Gruyère	
Kräutersalz	
weißer Pfeffer aus der Mühle	
2 EL Butterflöckchen	

So wird's gemacht

1. Die Kartoffeln schälen, waschen und in dünne Scheiben schneiden. Reichlich Wasser zum Kochen bringen, das Salz hinzufügen und die Kartoffeln darin etwa 10 Minuten vorgaren.
2. Den Lauch putzen, gründlich waschen und in Ringe schneiden. Die Lauchringe zu den Kartoffeln geben und kurz mitgaren. Die Frühlingszwiebeln putzen, waschen und in feine Ringe schneiden.
3. Den Backofen auf 200 °C vorheizen. Eine feuerfeste Aufflauform mit Butterschmalz ausstreichen.
4. Die Kartoffeln sowie den Lauch mit einem Schaumlöffel aus dem Salzwasser nehmen und in die Form geben. Die Frühlingszwiebeln hinzufügen und das Ganze leicht mischen.
5. Sahne, Milch, Eier und Käse gut verrühren, mit Kräutersalz und Pfeffer kräftig würzen und über das Gemüse gießen. Das Gratin mit Butterflöckchen besetzen und im Ofen etwa 35 Minuten backen, bis die Oberfläche goldgelb ist.

Tip

Dazu paßt ein Tomaten-Gurken-Salat.

Variation

Sie können die Kartoffeln und den Lauch auch in Gemüsebrühe vorgaren.

Käsetorte

Zubereitungszeit
ca. 1 Std.

Zutaten für 4 Personen
Für den Teig:
100 g feines Weizenvollkornmehl
50 g feines Hirsemehl
1 Prise Meersalz
1 EL Hefe (ca. 10 g)
2 EL lauwarme Milch
1 Ei
2–3 EL Buttermilch
Vollkornmehl zum Bestäuben
Für die Füllung:
50 g Blauschimmelkäse
150 g Quark
2 Eigelb
4 EL Milch
2 EL grobes Hafervollkornschrot
frisch geriebene Muskatnuß
schwarzer Pfeffer aus der Mühle
Meersalz
Butter für die Form
Vollkornmehl zum Ausstreuen
2 Eiweiß
2 rote Zwiebeln

So wird's gemacht
1. Das Weizen- und Hirsemehl mit dem Meersalz mischen. Die Hefe in der Milch auflösen, zusammen mit dem Ei und der Buttermilch unter das Mehl mischen und alles rasch zu einem Teig verkneten. Den Teig mit etwas Vollkornmehl bestäuben und zugedeckt gehen lassen, bis sich sein Volumen verdoppelt hat.
2. Für die Füllung den Blauschimmelkäse mit einer Gabel zerdrücken, mit Quark, Eigelben und Milch verrühren. Den Hafer unterheben und die Masse mit den Gewürzen abschmecken.
3. Eine Tortenform mit 28 cm Ø mit Butter ausfetten und mit Vollkornmehl bestreuen. Den Teig ausrollen und in die Form legen, seitlich einen 3 cm hohen Rand andrücken und den Teig nochmals gehen lassen.
4. Den Backofen auf 220° C vorheizen. Die Eiweiße sehr steif schlagen und locker unter die Käsemasse heben. Die Füllung auf dem Teig verteilen. Die Zwiebeln schälen, fein würfeln, auf der Torte verteilen und diese mit Meersalz und Pfeffer würzen.
5. Die Torte im Ofen 10 Minuten bei 220 °C backen, dann nochmals 15 bis 20 Minuten bei 190 °C fertig backen. Sofort servieren, da die Füllung sonst zusammenfällt

Frischkäsetorte

Zubereitungszeit
ca. 50 Min.

Zeit zum Ruhen
ca. 30 Min.

Zutaten für 4 Personen

Für den Teig:
- *100 g feines Weizenvollkornmehl*
- *Meersalz*
- *1 kleines Ei*
- *1 EL saure Sahne*
- *80 g Butter*

Für die Füllung:
- *200 g Kräuterfrischkäse*
- *200 g Quark*
- *2 Eigelb*
- *1 EL gehackter Dill*
- *schwarzer Pfeffer aus der Mühle*
- *Meersalz*
- *2 Eiweiß*
- *Butter für die Form*
- *je 1 EL gehackter Oregano*
- *und gehacktes Basilikum*

So wird's gemacht

1. Das Mehl mit etwas Meersalz und dem Ei mischen, die saure Sahne und die Butter dazugeben und das Ganze zu einem glatten Teig verarbeiten. Gut durchkneten und etwa 30 Minuten ruhen lassen.
2. Inzwischen den Frischkäse mit Quark, Eigelben, sowie Dill verrühren und die Masse mit Meersalz und Pfeffer würzen. Die Eiweiße steif schlagen und locker unter die Käsemasse ziehen.
3. Den Backofen auf 200 °C vorheizen. Eine Springform mit 28 cm Ø mit Butter ausstreichen, den Teig ausrollen, hineinlegen und einen 3 cm hohen Rand hochdrücken.
4. Die Frischkäsemasse auf dem Teig verteilen und mit Oregano und Basilikum bestreuen. Die Torte im Ofen 30 bis 40 Minuten backen.

Vollkornquiche mit Lauch

Zubereitungszeit
ca. 1 Std.

Zeit zum Ruhen
ca. 30 Min.

Zutaten für 4 Personen

Für den Teig:
125 g sehr feines Weizenvollkornmehl
60 g Butter
1 Prise Meersalz
1–3 EL Wasser, 1 Ei

Für die Füllung:
600 g Lauch, 100 g Zwiebeln
2 EL kalt gepreßtes Olivenöl
400 ml Milch
4 Eier, Meersalz
schwarzer Pfeffer aus der Mühle
frisch geriebene Muskatnuß

Außerdem:
Butter für die Form
60 g geriebener Emmentaler

So wird's gemacht

1. Das Mehl, die Butter und das Salz auf eine Arbeitsfläche geben, mit einem Messer hacken, das Wasser und das Ei dazugeben und alles rasch zu einem glatten Teig verkneten. Aus dem Teig eine Kugel formen und diese 30 Minuten lang ruhen lassen.
2. Inzwischen den Lauch putzen, waschen und in Streifen schneiden. Die Zwiebeln schälen und ebenfalls in Streifen schneiden. Beides im Olivenöl andünsten.
3. Den Backofen auf 175 ° C vorheizen. Die Milch mit den Eiern verrühren, mit Meersalz, Pfeffer sowie Muskatnuß würzen und dann mit Lauch- und Zwiebelstreifen mischen.
4. Eine Springform mit 28 cm Ø mit Butter ausstreichen, den Teig ausrollen, in die Form legen, dabei einen 2 cm hohen Rand formen.
5. Den Teig mehrmals mit einer Gabel einstechen und 10 bis 15 Minuten ohne Belag, das heißt blind, backen.
6. Die Füllung auf dem Teigboden verteilen und die Quiche bei 175 ° C 25 bis 30 Minuten backen. Etwa 10 Minuten vor Ende der Backzeit mit dem Käse bestreuen.

(auf dem Foto oben)

Tip

Damit sich der Teigboden beim Blindbacken nicht löst und er gerade bleibt, belegen Sie ihn mit Pergamentpapier, das Sie mit einer dicken Schicht Hülsenfrüchten oder Kirschkernen beschweren. Diese Hülsenfrüchte oder Kirschkerne können Sie immer wieder zum Blindbacken von Böden verwenden.

Tomaten-Käse-Quiche

Zubereitungszeit
ca. 1 Std.

Zeit zum Ruhen
ca. 1 Std.

Zutaten für 4 Personen

Für den Teig:
150 g feines Weizenvollkornmehl
150 g Quark
150 g Butter
Meersalz
Butter für die Form
Vollkornsemmelbrösel
zum Bestreuen

Für die Füllung:
6 Tomaten
schwarzer Pfeffer aus der Mühle
Meersalz, 1 Zwiebel
1 Bund Basilikum
100 g Sahne, 2 Eier
125 g geriebener Emmentaler

So wird's gemacht

1. Das Vollkornmehl auf eine Arbeitsfläche sieben und eine Mulde eindrücken. Den Quark und die Butter löffel- bzw. flöckchenweise in die Mulde geben.
2. Eine Prise Meersalz darüberstreuen und das Ganze von außen nach innen mit bemehlten Händen zu einem glatten Teig kneten. Den Teig in ein feuchtes Küchentuch wickeln und im Kühlschrank mindestens 1 Stunde ruhen lassen.
3. Den Backofen auf 180 °C vorheizen. Den Teig auf einer bemehlten Arbeitsfläche ausrollen. Eine Springform mit 28 cm Ø ausfetten, mit Vollkornsemmelbröseln ausstreuen, den Teig hineinlegen und dabei einen 2 cm hohen Rand formen. Den Teig mit einer Gabel mehrmals einstechen. Anschließend 10 bis 15 Minuten backen.
4. Für die Füllung die Tomaten waschen, vom Stielansatz befreien und das Fruchtfleisch in Scheiben schneiden. Diese auf dem Tortenboden verteilen und mit Pfeffer und Meersalz bestreuen.
5. Die Zwiebel schälen und fein hacken. Das Basilikum waschen, trockenschleudern und fein hacken. Zwiebeln und Basilikum über die Tomaten streuen.
6. Die Sahne mit Eiern und Käse verrühren, mit Meersalz und Pfeffer würzen. Die Käsesahne über den Kuchen gießen und diesen im Ofen bei 180 ° C 30 Minuten backen.

(auf dem Foto unten)

Salate und Rohkost

Das Salatvergnügen beginnt schon beim Einkauf auf dem Wochenmarkt; denn alles, was die jeweilige Saison bietet – vom knackigen Blattsalat bis zum erntefrischen Gemüse – läßt sich mit raffinierten Dressings und ausgesuchten Kräutern immer wieder neu kombinieren. Dabei kommt es nicht so sehr auf die Anzahl der Zutaten an, nur die einwandfreie Qualität der ausgesuchter Naturprodukte garantiert Ihnen den vollen Genuß dieser gesunden Kost. Salate und Rohkost können als erfrischende Vorspeise, leichtes Zwischengericht, Hauptspeise oder als bunte Beilage serviert werden.

Kräuter-Käse-Salat
Rezept Seite 189

Frühlingssalat mit Wiesenblüten

Zubereitungszeit
ca. 10 Min.

Zutaten für 4 Personen
400 g Pflücksalat
oder Blattsalat
16 Gänseblümchenblüten
16 Lavendelblüten
16 Holunderblüten
18 rote Taubnesselblüten
2 TL Kerbelblätter
2 TL Brunnenkresse
2 Frühlingszwiebeln
10 Radieschen
Für das Dressing:
4 EL Apfelessig
2 EL Zitronensaft
2 TL Brennesselsenf oder
mittelscharfer Senf
2 EL Gemüsebrühe
(aus Instantpulver)
1 EL Crème fraîche
6 EL kaltgepreßtes
Sonnenblumenöl
weißer Pfeffer aus der Mühle

So wird's gemacht

1. Den Pflück- oder Blattsalat gut waschen, putzen und mit einem Küchentuch trockentupfen. Die Blätter in mundgerechte Stücke zupfen.
2. Die Blüten jeweils von den Stielen zupfen, waschen und trockenschütteln.
3. Die Frühlingszwiebeln putzen, waschen und in Ringe schneiden. Die Radieschen waschen, putzen und in feine Stifte schneiden.
4. Für das Dressing den Essig, den Zitronensaft, den Senf und die Gemüsebrühe verrühren. Die Crème fraîche und das Öl hinzufügen und alles gut mischen.
5. Den Pflück- oder Blattsalat in der Marinade wenden und auf vier Tellern anrichten.
6. Die Blüten, die Kräuter, die Radieschenstifte und die Frühlingszwiebelringe darüberstreuen und frischen Pfeffer darübermahlen.

(auf dem Foto: oben)

Tip

Mit Kräutern und Blüten lassen sich wunderbare Salate zaubern. Sollten Sie einen kleinen Garten besitzen, so finden Sie dort immer wieder neue Zutaten, zum Beispiel Schlüsselblumenblüten, Ringelblumen, Löwenzahn, echte Veilchenblüten, Salbeiblüten und sogar Schnittlauchblüten. Probieren Sie auch einmal duftende Rosenblüten zu einem Salat mit einer Marinade aus Rosenblütenessig. Wichtig ist jedoch, daß die Blüten nicht mit Pestiziden behandelt worden sind.

Chinakohlsalat

Zubereitungszeit
ca. 10 Min.

Zeit zum Marinieren
ca. 10 Min.

Zutaten für 4 Personen
4 Tomaten
120 g Zuckerschoten
1 Chinakohl
80 g Rauke (Rucola)
4 Schalotten
Für das Dressing :
2 EL Rotweinessig
2 EL Apfelessig
2 TL Apfeldicksaft
2 TL kaltgepreßtes Kürbiskernöl,
vorzugsweise aus der Steiermark
4 EL kaltgepreßtes
Sonnenblumenöl
weißer Pfeffer aus der Mühle
etwas abgeriebene Schale
einer unbehandelten Zitrone

So wird's gemacht

1. Die Tomaten über Kreuz einritzen, mit kochend heißem Wasser überbrühen, vom Stielansatz befreien, enthäuten, entkernen und in Streifen schneiden.
2. Die Zuckerschoten waschen, die Fäden abziehen und die Schoten längs in feine Streifen schneiden.
3. Den Chinakohl waschen und in Streifen schneiden. Die Rauke waschen und die Blätter von den Stielen zupfen.
4. Die Schalotten schälen und in sehr feine Würfel schneiden.
5. Für das Dressing alle Zutaten gut mischen, die Salatzutaten darin 10 Minuten marinieren, dann den Salat anrichten.

(auf dem Foto: unten)

Tip

Rauke oder Rucola ist ein sehr aromatisches Würzkraut; es erinnert im Geschmack ein wenig an Kresse und kann, sollten Sie es einmal nicht bekommen, zu diesem Rezept auch durch Brunnen- oder Gartenkresse ersetzt werden. Steirisches Kürbiskernöl hat im Vergleich zu anderen Kürbiskernölen einen ganz besonderen Geschmack. Sie erhalten es in Feinkostläden.

Pflücksalat mit Gartenkräutern und gerösteten Mandeln

Zubereitungszeit
ca. 35 Min.

Zutaten für 4 Personen

Für das Dressing :
- *2 EL Gemüsefond (aus dem Glas)*
- *1 EL Balsamico-Essig*
- *1 frisches Eigelb*
- *1 EL Mandelöl*
- *2 EL Traubenkernöl*
- *weißer Pfeffer aus der Mühle*
- *Salz*
- *Zucker*

Für den Salat:
- *400 g roter und weißer Pflücksalat*
- *1 Bund Kerbel*
- *1 Bund Schnittlauch*
- *8 Blätter Basilikum*
- *8 Blätter Zitronenmelisse*
- *2 Blätter Liebstöckel*
- *1 kleinen Bund glatte Petersilie*

Außerdem:
- *100 g gehobelte Mandeln*
- *2 EL Butter*
- *16 Kirschtomaten*

So wird's gemacht

1. Den Gemüsefond, den Essig und das Eigelb in eine Schüssel geben und mit dem Schneebesen verrühren. Unter ständigem Rühren nach und nach das Öl dazugeben und die Marinade mit Pfeffer, Salz und einer Prise Zucker würzen.
2. Den Salat verlesen, von den Stielen befreien, braune Stellen entfernen. Die Blätter vorsichtig waschen, trockenschleudern oder auf einem Sieb abtropfen lassen.
3. Die Kräuter waschen und entstielen. Den Kerbel, das Basilikum, die Zitronenmelisse und den Liebstöckel etwas klein zupfen. Den Schnittlauch fein schneiden, die Petersilie grob hacken.
4. Die Mandeln in der Butter goldbraun rösten. Die Kirschtomaten waschen und halbieren.
5. Den Salat und die Kräuter in der Marinade vorsichtig wenden. Die Salate auf großen Tellern anrichten, mit den Tomatenhälften garnieren und mit den Mandeln bestreuen.

Eichblattsalat mit Paprikaschoten

Zubereitungszeit
ca. 15 Min.

Zutaten für 4 Personen

1 Kopf Eichblattsalat
Saft von 1 Zitrone
einige Tropfen kaltgepreßtes Olivenöl
Meersalz
weißer Pfeffer aus der Mühle
150 g Joghurt
3 EL Crème fraîche
1 TL zerstoßene grüne Pfefferkörner (aus dem Glas)
Cayennepfeffer
1 Gemüsezwiebel
1 rote Paprikaschote
1 gelbe Paprikaschote
1 Bund Radieschen
4 EL Schnittlauchröllchen

So wird's gemacht

1. Den Eichblattsalat putzen, waschen, trockenschleudern und in mundgerechte Stücke zerpflücken. Dann auf vier Tellern anrichten. Mit der Hälfte des Zitronensaftes und Olivenöl beträufeln und mit Meersalz und Pfeffer bestreuen.
2. Den Joghurt, die Crème fraîche, den restlichen Zitronensaft und die Pfefferkörner verrühren. Mit Meersalz, Pfeffer und Cayennepfeffer gut abschmecken.
3. Die Gemüsezwiebel schälen und in hauchdünne Streifen schneiden. Die Parikaschoten putzen, halbieren, entkernen, waschen und ebenfalls in hauchdünne Streifen schneiden.
4. Die Radieschen putzen, waschen und kleinschneiden. Mit dem Schnittlauch, der Zwiebel, den Paprikaschoten und der Sauce mischen. Den Salat auf dem Blattsalat anrichten.

Kidneybohnensalat „Red Sun“

Zubereitungszeit
ca. 20 Min.

Zutaten für 4 Personen

500 g Kidneybohnen (aus der Dose)
1 Kopf Friséesalat
100 g Sonnenblumenkerne
(z.B. USA-Sonnenblumenkerne)
1 großer Apfel (ca. 200 g)
1 Gemüsezwiebel
Für das Dressing:
1 Bund Schnittlauch
4 EL Sonnenblumenöl
3 EL Sherryessig
Salz
schwarzer Pfeffer aus der Mühle

So wird's gemacht

1. Die Kidneybohnen auf einem Sieb mit kaltem Wasser abspülen und abtropfen lassen. Den Friséesalat zerpflücken, putzen, waschen und in mundgerechte Stücke zupfen oder schneiden.
2. Die Sonnenblumenkerne in einer beschichteten Pfanne ohne Fettzugabe goldbraun rösten. Inzwischen den Apfel schälen, halbieren, vom Kerngehäuse befreien und würfeln. Die Zwiebel ebenfalls schälen und sehr fein schneiden.
3. Den Schnittlauch waschen, trockenschleudern oder -tupfen und in feine Röllchen schneiden. Für das Dressing Öl, Essig, Salz und Pfeffer mit dem Schneebesen verrühren und dann den Schnittlauch daruntermischen.
4. In einer großen Schüssel den Friséesalat anrichten, die Kidneybohnen, die Zwiebelringe und die Apfelwürfel darauf verteilen. Die Sonnenblumenkerne darüberstreuen und vor dem Servieren alles mit dem Dressing überziehen.

Variation

Sie können den Salat auch mit frischen Bohnen zubereiten, dann benötigen Sie allerdings etwas Zeit. Am besten ist es, Sie kochen die Bohnen schon am Vortag. Hierfür 500 g Kidneybohnen etwa 2 Stunden in reichlich kaltem Wasser einweichen. Anschließend auf ein Sieb geben und abspülen. Die Bohnen in $1^1/_2$ Liter leicht köchelndem Salzwasser etwa 1 Stunde garen, auf ein Sieb geben und mit kaltem Wasser abbrausen. Dann wie nebenstehend weiterverwenden.

Blattsalat mit Sprossen und Pilzen

Zubereitungszeit
ca. 20 Min.

Zeit zum Keimen
3 Tage 4 Std.

Zutaten für 4 Personen
50 g Sonnenblumenkerne zum Keimen (z.B. USA-Sonnenblumenkerne)
1 kleiner Lollo Rosso
200 g Löwenzahnsalat
30 g Brunnenkresse
300 g Austernpilze
1 kleine Zwiebel
1–2 Knoblauchzehen
3 EL Pflanzenöl
Salz
schwarzer Pfeffer aus der Mühle

Für das Dressing:
2 EL flüssiger Honig
4 EL Apfelessig
2 EL Sojasauce
8 EL Sonnenblumenöl
5 EL geröstete Sonnenblumenkerne zum Bestreuen

So wird's gemacht

1. Sonneblumenkerne zum Keimen in ein Glas geben und 4 Stunden in lauwarmem Wasser einweichen. Das Glas mit Mull verschließen, umstülpen, damit das Wasser ablaufen kann und die Kerne an einem hellen Ort bei Zimmertemperatur 3 Tage keimen lassen. Dabei täglich zwei- bis dreimal lauwarm spülen. Die Keimlinge kalt abspülen.
2. Die Salate putzen, waschen, trockenschleudern und in Stücke zupfen. Die Austernpilze putzen, kleinschneiden und die Strünke entfernen. Zwiebel und Knoblauch schälen und fein hacken.
3. Die Pilze im Öl kräftig anbraten, die Hitze reduzieren, Zwiebel und Knoblauch dazugeben und einige Minuten mitbraten. Salzen, pfeffern und abkühlen lassen.
4. Die Dressingzutaten gut mischen, die Salate sowie die Sprossen darin wenden und zusammen mit den Pilzen auf Tellern anrichten. Das restliche Dressing darüberträufeln und zum Schluß die Sonnenblumenkerne darüberstreuen.

Tip

Sonnenblumensprossen müssen spätestens nach drei Tagen geerntet werden, sie schmecken sonst bitter.

Wildkräutersalat mit Blüten

Zubereitungszeit
ca. 15 Min.

Zutaten für 4 Personen

Für den Salat:
50 g junge Löwenzahnblättchen
50 g junge Sauerampferblätter
30 g Gartenkresse
1 EL frische Majoranblättchen

Für das Dressing:
3 EL Apfelessig
1 TL flüssiger Honig
Meersalz
schwarzer Pfeffer aus der Mühle
4 EL Sojaöl

Außerdem:
4 Kapuzinerkresseblüten

So wird's gemacht

1. Den Löwenzahn, den Sauerampfer, die Gartenkresse und den Majoran jeweils kurz auf einem Sieb abbrausen und dann gut abtropfen lassen.
2. Den Apfelessig mit Honig, Salz und Pfeffer mit einem Schneebesen so lange verrühren, bis sich das Salz aufgelöst hat. Dann das Sojaöl in feinem Strahl dazufließen lassen und dabei ständig mit dem Schneebesen schlagen, bis die Sauce cremig wird.
3. Die Wildkräuter mehrmals in dem Dressing wenden und dann auf vier Teller verteilen. Die Kapuzinerkresseblüten kurz abbrausen, abtropfen lassen und dekorativ auf den Salatportionen anordnen.

Variation

Probieren Sie zu diesem Wildkräutersalat einmal ein Gurkendressing: Hierfür eine kleine Schlangengurke schälen, die Hälfte in kleine Stücke schneiden und im Mixer etwa 30 Sekunden pürieren. 1 Teelöffel Dijonsenf sowie 2 Eßlöffel Sherryessig dazugeben, nochmals kurz aufmixen und das Dressing mit etwas Salz, einer Prise Zucker und weißem Pfeffer aus der Mühle abschmecken. Anschließend 1/8 Liter Sojaöl in dünnem Strahl dazufließen lassen, dabei ständig mit dem Schneebesen schlagen. Zwei kleine Schalotten schälen, fein hacken und dazugeben. Die restliche Gurke in feine Streifen schneiden, vorsichtig unter das Dressing heben und alles nochmals abschmecken.

Frühlingssalat mit Mozzarella

Zubereitungszeit
ca. 15 Min.

Zutaten für 4 Personen
Für den Salat:
200 g Blattsalate der Saison
2 Frühlingszwiebeln
1 grüne Paprikaschote
1 rote Paprikaschote
4 Tomaten, 1 reife Avocado
Zitronensaft, 12 schwarze Oliven
200 g Mozzarella
Für das Dressing:
6 EL Olivenöl, Salz
schwarzer Pfeffer aus der Mühle
2 EL Balsamico-Essig
2 EL Schnittlauchröllchen
2 EL feingehackte Petersilie

So wird's gemacht

1. Blattsalate jeweils zerpflücken, putzen, waschen und trockenschleudern. Frühlingszwiebeln putzen, waschen und in Ringe schneiden.
2. Die Paprikaschoten waschen, putzen und in Streifen schneiden. Die Tomaten waschen, vom Stielansatz befreien und vierteln. Die Avocado schälen, halbieren, entkernen, das Fruchtfleisch in Scheiben schneiden und diese mit Zitronensaft beträufeln, damit sie nicht braun anlaufen.
3. Die Blattsalate auf vier Tellern dekorativ anrichten. Frühlingszwiebeln, Paprikaschoten, Tomaten und Avocado jeweils darauf plazieren und auf jeden Teller vier Oliven geben. Den Mozzarella abtropfen lassen, in dünne Scheiben schneiden und portionsweise verteilen.
4. Für das Dressing Olivenöl mit Salz, Pfeffer und Balsamico-Essig mit dem Schneebesen gut verrühren. Dann die Kräuter unterheben. Das Dressing gleichmäßig über den Salatportionen verteilen und das Ganze sofort servieren.

Mangoldsalat mit Knoblauchcroûtons

Zubereitungszeit
ca. 15 Min.

Zutaten für 4 Personen
3 Scheiben Vollkorntoast
2 EL Butter oder Margarine
1 durchgedrückte Knoblauchzehe
Salz
weißer Pfeffer aus der Mühle
50 g Champignons
1 Mangoldstaude (ca. 800 g)
1 Schalotte
4 EL Weißweinessig
1 Prise Zucker
6 EL Öl (z.B. Livio-Öl)
5 EL mittelalter grob geraspelter Gouda

So wird's gemacht

1. Die Toastscheiben entrinden und in etwa 1 cm große Würfel schneiden. Die Butter oder Margarine in einer Pfanne erhitzen und die Toastwürfel darin goldbraun anrösten. Gegen Ende der Bratzeit den Knoblauch hinzufügen. Die Croûtons salzen und pfeffern.
2. Die Champignons putzen, eventuell kurz waschen und in feine Scheiben schneiden. Die Mangoldblätter vom Strunk lösen, die Stengel abschneiden und etwa 2 Minuten in kochendem Salzwasser blanchieren. Die Blätter etwa 1 Minute blanchieren. Die Stiele in feine, die Blätter in breite Streifen schneiden.
3. Die Schalotte schälen und fein würfeln. Aus Weißweinessig, Salz, Pfeffer, Zucker, Öl und Schalottenwürfel ein Dressing zubereiten.
4. Den Mangold dekorativ auf Tellern anrichten. Die Champignons portionsweise darauf verteilen und jeden Teller gleichmäßig mit Dressing beträufeln. Vor dem Servieren mit Käse und Croûtons bestreuen.

Fenchelsalat mit Feigen

Zubereitungszeit
ca. 15 Min.

Zutaten für 4 Personen

Für den Salat:
2 mittelgroße Fenchelknollen
(à ca. 250 g)
3 Feigen

Für das Dressing:
2 EL Walnußhälften
1 säuerlicher Apfel
75 g Joghurt (1/2 Becher)
1 EL Zitronensaft
1 TL Tomatenketchup
Salz
schwarzer Pfeffer aus der Mühle
2 EL Öl (z.B. Livio-Öl)
Walnußhälften zum Garnieren

So wird's gemacht

1. Die Fenchelknollen halbieren, die Außenschale und die Stiele entfernen. Die Knollen in feine Streifen schneiden, diese waschen und auf einem Sieb abtropfen lassen.
2. Von den Feigen den Stielansatz und den Boden mit einem kleinen scharfen Messer dünn abschneiden. Die Schale in Streifen von den Früchten abziehen und das Fruchtfleisch in feine Streifen schneiden.
3. Die Walnußhälften grob hacken. Den Apfel schälen, halbieren, vom Kerngehäuse befreien und das Fruchtfleisch grob raffeln.
4. Den Joghurt mit Zitronensaft, Tomatenketchup, Salz und Pfeffer gut verrühren.
5. Dann das Öl unter ständigem Rühren in einem dünnen Strahl dazufließen lassen. Die Nüsse und den Apfel unter das Dressing ziehen und das Ganze gut vermischen.
6. Fenchel- und Feigenstreifen in eine Schüssel geben. Alles mit dem Dressing überziehen und den Salat vor dem Servieren mit Walnußhälften garnieren.

Tip

Dieser Salat ist nicht nur kalorienarm, sondern auch besonders vitaminhaltig, also ein richtiger Fitmacher.

Feldsalat mit Sellerie und Tofu

Zubereitungszeit
ca. 1 Std.

Zutaten für 4 Personen

2 Sellerieknollen (à ca. 400 g)
250 g Feldsalat
100 g geräucherter Tofu
2 EL kaltgepreßtes Sonnenblumenöl
200 ml Gemüsebrühe
(aus Instantpulver)
1 EL vergorenes Molkekonzentrat
(Molkosan)
2 EL Schnittlauchröllchen

So wird's gemacht

1. Die Sellerieknollen waschen und in reichlich kochendem Wasser 20 bis 25 Minuten garen. Anschließend abkühlen lassen, schälen und grob raspeln. Dann auf Tellern verteilen.
2. Den Feldsalat putzen, gut waschen, abtropfen lasen und auf dem Sellerie anrichten.
3. Den geräucherten Tofu in kleine Würfel schneiden und in dem nicht zu heißen Öl goldgelb braten. Dann herausnehmen und beiseite stellen.
4. Die Gemüsebrühe in die Pfanne gießen, kurz aufkochen lasen und mit dem Molkekonzentrat leicht säuerlich abschmecken.
5. Die Sauce etwas abkühlen lassen und noch warm über den Salat geben. Den Salat mit Tofustückchen und Schnittlauch bestreuen.

(auf dem Foto: oben)

Endivien-Orangen-Salat

Zubereitungszeit
ca. 30 Min.

Zutaten für 4 Personen

Für den Salat:
1 Kopf Endiviensalat
2 rote Paprikaschoten
4 Fleischtomaten
4 Orangen
Für das Dressing:
4 Orangen
300 g Sahnedickmilch
2 TL Kräutersalz
2 TL Frutilose (Obstdicksaft)
3 EL gehackte Kräuter (Schnittlauch, Petersilie, Dill)

So wird's gemacht

1. Den Endiviensalat putzen, waschen, trockenschleudern, kleinschneiden und in eine Schüssel geben. Die Paprikaschoten waschen, halbieren, entkernen und in feine Streifen schneiden. Die Tomaten waschen, vom Stielansatz befreien und in Streifen schneiden.
2. Die Orangen sorgfältig schälen und die Filets aus den Trennhäuten herausschneiden. Alle vorbereiteten Zutaten mischen.
3. Die Orangen für das Dressing auspressen, den Saft mit der Sahnedickmilch verrühren und alles mit Kräutersalz und Frutilose abschmecken.
4. Das Dressing mit dem Salat mischen und das Ganze mit Kräutern bestreuen.

(auf dem Foto: Mitte)

Rote-Bete-Apfel-Salat

Zubereitungszeit
ca. 20 Min.

Zutaten für 4 Personen

1 grüner Kopfsalat
6 Rote-Bete-Knollen (ca. 800 g)
6 säuerliche Äpfel
2 EL Zitronensaft
2 EL Frutilose (Obstdicksaft)
300 g Sahnedickmilch
4 TL grobgehackte Mandeln

So wird's gemacht

1. Den Salat putzen, waschen und trockenschleudern. Vier Teller damit auslegen. Die roten Beten gründlich waschen, putzen, schälen und in feine Stifte schneiden.
2. Die Äpfel schälen, halbieren, vom Kerngehäuse befreien und grob raspeln. Anschließend mit Zitronensaft beträufeln, damit die Raspel nicht braun anlaufen.
3. Die rote Bete-Streifen in einer Schüssel mit der Apfelmasse mischen und mit der Frutilose leicht süßen. Zum Schluß die Sahnedickmilch darunterziehen.
4. Die Rohkost auf dem Salat anrichten und alles vor dem Servieren mit Mandeln bestreuen.

(auf dem Foto: unten)

Tip

Frutilose ist ein schonend eingedampfter Obstdicksaft, der sehr mild schmeckt, weil ihm Fruchtsäuren entzogen wurden. Sie erhalten dieses Produkt in Reformhäusern.

Knackiger Körnersalat

Zubereitungszeit
ca. 15 Min.

Zeit zum Einweichen
über Nacht

Zeit zum Durchziehen
ca. 30 Min.

Zutaten für 4 Personen
100 g Weizenkörner
1/2 Liter Gemüsebrühe
(aus Instantpulver)
100 g rote Linsen
250 g Staudensellerie
1 Bund Frühlingszwiebeln
1 Bund Petersilie
6 EL Sojaöl
4 EL Kräuteressig
Meersalz
1 Prise Zucker
schwarzer Pfeffer aus der Mühle
einige Salatblätter zum Garnieren

So wird's gemacht

1. Die Weizenkörner über Nacht in kaltem Wasser einweichen. Am nächsten Tag die Weizenkörner zusammen mit der Brühe zum Kochen bringen und bei mittlerer Hitze etwa 30 Minuten garen.
2. Die Linsen auf einem Sieb waschen und etwa 12 Minuten vor Ende der Garzeit zu den Körnern geben.
3. Den Staudensellerie und die Frühlingszwiebeln putzen bzw. schälen, waschen und in kleine Stücke schneiden. Die Petersilie waschen, trockenschleudern und fein hacken.
4. 1 Eßlöffel Öl in einem Topf erhitzen und das Gemüse darin andünsten. Mit Essig ablöschen, Salz, Zucker und Pfeffer dazugeben. Das restliche Öl daruntermischen und die Petersilie unterheben. Weizenkörner und Linsen abgießen, etwas abkühlen lassen und zum Gemüse geben. Das Ganze nochmals abschmecken und 30 Minuten durchziehen lassen.
5. Die Salatblätter waschen, trockentupfen und auf vier Teller geben. Den Körnersalat darauf anrichten.

Tip

Sie verleihen dem Körnersalat eine asiatische Note, wenn Sie das Gemüse mit Curry abschmecken und zusätzlich 5 Eßlöffel Rosinen unterheben.

Brokkolisalat mit geröstetem Sesam

Zubereitungszeit
ca. 25 Min.

Zutaten für 4 Personen

2 Eier
400 g Brokkoli
Salz
2 Schalotten
100 g Kirschtomaten
3 EL Weißweinessig
1 TL Dijonsenf
weißer Pfeffer aus der Mühle
4 EL Sojaöl
1 Bund Schnittlauch
2 EL Sesamsaat

So wird's gemacht

1. Die Eier in 10 Minuten hart kochen, eiskalt abschrecken, pellen und abkühlen lassen. Den Brokkoli putzen, waschen und die Röschen von den Stielen schneiden. Die Stiele schälen und in dünne Scheiben schneiden. Beides in kochendes Salzwasser geben und 7 Minuten darin garen. Dann herausnehmen.
2. Die Schalotten schälen und sehr fein hacken. Die Kirschtomaten waschen und vierteln. Den Weißweinessig mit Senf, Salz, Pfeffer und Öl gut verrühren.
3. Die Eier fein würfeln. Den Schnittlauch waschen, trockenschleudern und in feine Röllchen schneiden.
4. Brokkoli, Schalotten, Kirschtomaten, Eier und Schnittlauch in einer Schüssel mit dem Dressing vermischen und dann den Salat auf vier Teller geben.
5. Die Sesamsaat in einer beschichteten Pfanne ohne Fettzugabe goldbraun rösten und warm über den Salat streuen.

Variation

Für dieses Rezept können Sie anstatt Brokkoli auch Blumenkohl verwenden.

Brunnenkressesalat mit Sonnenblumenkernen

Zubereitungszeit
ca. 25 Min.

Zutaten für 4 Personen
Für das Dressing:
2 Äpfel (ca. 300 g)
200 g Joghurt
Saft von 1 Zitrone
2 Prisen Meer- oder Jodsalz
weißer Pfeffer aus der Mühle
1 Prise Zucker
4 EL Walnußöl
Für den Salat:
2 Bund Brunnenkresse (ca. 60 g)
2 Äpfel
60 g Sonnenblumenkerne

So wird's gemacht
1. Die Äpfel für das Dressing schälen, halbieren, vom Kerngehäuse befreien und das Fruchtfleisch kleinschneiden. Die Apfelstücke zusammen mit dem Joghurt und dem Zitronensaft im Mixer pürieren. Salz, Pfeffer, Zucker und Öl hinzufügen, alles nochmals durchmixen und eventuell nachwürzen.
2. Die Brunnenkresse waschen, trockentupfen und die Blätter von den Stielen zupfen.
3. Die restlichen Äpfel schälen, vierteln, vom Kerngehäuse befreien und die Viertel in feine Streifen schneiden.
4. Die Brunnenkresse, die Apfelstreifen und das Dressing in einer Schüssel vorsichtig mischen. Den Salat auf vier Tellern anrichten und mit Sonnenblumenkernen bestreuen.

(auf dem Foto oben)

Löwenzahnsalat mit Schafskäse

Zubereitungszeit
ca. 30 Min.

Zutaten für 4 Personen
Für das Dressing:
2 Äpfel (ca. 300 g)
1/4 Liter ungesüßter Apfelsaft
2 TL flüssiger Honig
4 EL Walnußöl
Saft von 1 Zitrone
100 g Schafskäse
Meer- oder Jodsalz
weißer Pfeffer aus der Mühle
Für den Salat:
800 g Löwenzahnblätter
300 g Schafskäse
300 g rote Weintrauben
4 Scheiben Weißbrot
3 EL Butter

So wird's gemacht
1. Die Äpfel schälen, halbieren, vom Kerngehäuse befreien und das Fruchtfleisch kleinschneiden. Die Apfelstücke zusammen mit Apfelsaft, Honig, Walnußöl und Zitronensaft pürieren.
2. Den Schafskäse für das Dressing fein hacken, unter die Sauce heben und diese salzen und pfeffern.
3. Den Löwenzahn putzen, gut waschen und trockenschleudern. Den restlichen Schafskäse würfeln. Die Trauben waschen, halbieren und entkernen.
4. Den Löwenzahn in einer Schüssel vorsichtig mit dem Dressing mischen und dann auf vier Tellern anrichten. Jeweils Schafskäse darüberstreuen und jeden Teller mit Weintrauben garnieren.
5. Das Weißbrot entrinden und in Würfel schneiden. Die Würfel in der Butter rundherum anrösten und dann jeweils über den Salat streuen.

(auf dem Foto unten)

Tip

Mit frischem, jungem Löwenzahn lassen sich köstliche Salate zubereiten. Es gibt ihn in zwei Sorten: die grüne und die weiße. Die grüne Sorte ist fest und hart, sie ist auch im Handel erhältlich oder Sie pflücken im Frühjahr die zarten Triebe auf ungedüngten Feldern oder im eigenen Garten selbst. Gelber Löwenzahn wird in Frankreich und Italien kultiviert uns ist bei uns relativ selten auf dem Markt. Die Blätter schmecken feiner und milder als der selbstgepflückte.

Variation

Löwenzahn schmeckt auch mit einer Roquefortsauce delikat. Hierfür 80 g Roquefort mit einer Gabel zerdrücken und zusammen mit 1 Eßlöffel Apfelessig, 1 Teelöffel Dijonsenf, 4 Eßlöffeln Traubenkernöl , 100 Millilitern Gemüsefond (aus dem Glas), Salz, Pfeffer und 1 Prise Zucker in einem Mixer etwa 1 Minute verquirlen. Den Löwenzahn vorsichtig mit der Sauce mischen und das Ganze zusammen mit in Butter gerösteten Weißbrotwürfeln und Walnußhälften servieren.

Weizensprossensalat

Zubereitungszeit
ca. 25 Min.

Zutaten für 4 Personen

1 rote Bete
1 Apfel
1 EL fein geriebener Meerrettich
150 g Weizensprossen
60 g körniger oder anderer Frischkäse
1 Zwiebel
gemahlener Fenchel
gemahlener Koriander
gemahlener Kümmel
2 EL Obstessig oder
Saft von 1/2 Zitrone
4–5 Salatblätter
1/2 Bund Schnittlauch

So wird's gemacht

1. Die rote Bete und den Apfel waschen, die rote Bete dünn schälen. Beides grob raspeln und vorsichtig mit dem Meerrettich mischen.
2. Die Weizensprossen unter fließendem Wasser abspülen, abtropfen lassen und dann mit dem Frischkäse mischen. Die Zwiebel schälen und in feine Würfel schneiden.
3. Die Zwiebelwürfel zu den Sprossen geben und mit Fenchel-, Koriander-, Kümmelpulver und Obstessig oder Zitronensaft abschmecken.
4. Die Salatblätter waschen und trockentupfen. Die Rote-Bete-Apfel Mischung unter die Weizensprossen heben. Den Schnittlauch waschen, trockenschleudern und in Röllchen schneiden. Einen großen Teller mit den Salatblättern auslegen, den Weizensprossensalat darübergeben und alles mit Schnittlauch bestreuen.

Variation

Probieren Sie auch einmal einen Grünkernsalat: 150 g Grünkern warm und kalt abspülen. Zusammen mit zwei feingewürfelten Zwiebeln in 2 Eßlöffeln Olivenöl anbraten und 2 bis 3 Minuten dünsten. Mit 300 Millilitern Gemüsebrühe ablöschen, aufkochen lassen und den Grünkern 15 bis 20 Minuten garen. Auf der ausgeschalteten Herdplatte nachquellen lassen. Den Grünkern zusammen mit einem Dressing aus 3 Eßlöffeln saurer Sahne, 2 Eßlöffeln Öl, 3 Eßlöffeln Obstessig und 3 Eßlöffeln feingehackten Kräutern nach Wahl servieren.

Hirsesalat mit Silberzwiebeln

Zubereitungszeit
ca. 25 Min.

Zutaten für 4 Personen
150 g Hirse, 1 TL Currypulver
400 ml Gemüsebrühe
(aus Instantpulver)
150 g Crème fraîche
2 EL Obstessig, Meersalz
schwarzer Pfeffer aus der Mühle
150 g Zucchini, 4 Tomaten
200 g milchsauer eingelegte
Silberzwiebeln
einige Radicchioblätter
4 EL Schnittlauchröllchen

So wird's gemacht

1. Hirse zuerst warm, dann kalt abspülen. Einen Topf erhitzen, die Hirse ohne Fettzugabe darin kurz anrösten und Currypulver einrühren.
2. Gemüsebrühe angießen, alles aufkochen lassen, die Hitze reduzieren und die Hirse 5 bis 10 Minuten köcheln lassen. Die Hirse zugedeckt auf der ausgeschalteten Herdplatte ausquellen lassen.
3. Crème fraîche mit Obstessig, Salz und Pfeffer verrühren. Zucchini waschen, putzen und grob raspeln. Die Tomaten waschen, vom Stielansatz befreien und das Fruchtfleisch in Würfel schneiden.
4. Zucchini, Tomaten und abgetropfte Silberzwiebeln in eine Schüssel geben. Die Hirse hinzufügen, alles vermischen und dann einen Teil der Sauce unterheben.
5. Die Radicchioblätter waschen, trockentupfen und einen großen Teller damit auslegen. Den Hirsesalat auf den Radicchioblättern verteilen, die restliche Sauce darübergeben und alles mit Schnittlauch bestreuen.

Zucchini-Reis-Salat

Zubereitungszeit
ca. 45 Min.

Zutaten für 4 Personen

2 mittelgroße Zucchini
3/4 Liter Gemüsebrühe
(z.B. aus 1 Würfel „Maggi Klare Gemüsesuppe")
4 EL Estragonessig
4 EL kaltgepreßtes Olivenöl
1 Zwiebel
1 Knoblauchzehe
250 g Vollkornreis
3 Tomaten
200 g Schafskäse
50 g schwarze Oliven
schwarzer Pfeffer aus der Mühle
2 EL gehackte Petersilie

So wird's gemacht

1. Die Zucchini waschen, putzen und in Würfel schneiden. Die Gemüsebrühe zum Kochen bringen, die Zucchinistücke darin 2 Minuten blanchieren, mit einem Schaumlöffel herausnehmen und in eine große Schüssel geben.
2. Den Estragonessig mit dem Olivenöl verrühren und über die Zucchinistücke gießen. Das Ganze gut mischen, bis jedes Gemüsestück von der Marinade überzogen ist und die Zucchini etwa 30 Minuten darin ziehen lassen.
3. Inzwischen die Zwiebel und den Knoblauch schälen und jeweils fein würfeln. Die Gemüsebrühe erneut zum Kochen bringen. Den Vollkornreis auf einem Sieb zuerst warm, dann kalt abspülen und zusammen mit der Zwiebel und dem Knoblauch in die Brühe geben.
4. Den Reis zugedeckt bei milder Hitze in 30 Minuten ausquellen lassen. Die Tomaten waschen, vom Stielansatz befreien und das Fruchtfleisch würfeln. Den Schafskäse ebenfalls würfeln. Die Oliven halbieren, entkernen und kleinschneiden.
5. Vollkornreis, Tomaten, Schafskäse sowie Oliven zu den marinierten Zucchini geben, alles gut mischen und mit Pfeffer würzen. Den Zucchini-Reis-Salat vor dem Servieren mit Petersilie bestreuen.

Gorgonzola-Frisée-Salat

Zubereitungszeit
ca. 25 Min.

Zutaten für 4 Personen

Für den Salat:

100 g kleine rote Linsen
Meersalz, 1 Kopf Friséesalat

Für das Dressing:

2 Frühlingszwiebeln
1 EL Dijonsenf
3 EL Balsamico-Essig
6 EL Sojaöl
schwarzer Pfeffer aus der Mühle
1/2 TL flüssiger Honig

Außerdem:

1 große Willimas-Christ-Birne
Saft von 1 Zitrone
200 g Gorgonzola

So wird's gemacht

1. Die roten Linsen in 1/2 Liter kochendem Salzwasser etwa 10 Minuten garen. Sie anschließend abgießen und erkalten lassen. Inzwischen den Friséesalat putzen, waschen, trockenschleudern und in mundgerechte Stücke zerpflücken.
2. Die Frühlingszwiebeln putzen, waschen und in feine Ringe schneiden. Senf mit Essig, Sojaöl, Salz, Pfeffer und Honig zu einem Dressing verrühren. Die Zwiebelringe hinzufügen und das Dressing beiseite stellen.
3. Die Birne dünn schälen, das Kerngehäuse entfernen und das Fruchtfleisch in dünne Spalten schneiden. Diese mit Zitronensaft beträufeln. Den Gorgonzola in acht gleichmäßig große Scheiben schneiden.
4. Den Friséesalat und die Linsen in einer großen Schüssel mit dem Dressing vermengen und das Ganze auf Tellern verteilen. Jeden Teller mit je zwei Gorgonzolascheiben und Birnenspalten anrichten.

Tip

Dazu paßt Fladenbrot.

Variation

Sie können die Birne auch durch vollreife blaue Weintrauben ersetzen.

Vegetarischer Vorspeisenteller

Zubereitungszeit
ca. 40 Min.

Zutaten für 4 Personen

1 rote Paprikaschote
1 grüne Paprikaschote
200 g Schalotten
150 g Champignons
1/8 Liter Kräuteressig
1 Lorbeerblatt
Meersalz
schwarzer Pfeffer aus der Mühle
1 rote Pfefferschote
1 mittelgroßer Zucchino
8 EL Sojaöl
1 Knoblauchzehe
1 Bund Basilikum

So wird's gemacht

1. Den Backofen auf 250° C vorheizen. Die Paprikaschoten halbieren, von weißen Trennwänden und Kernen befreien, waschen und tropfenaß auf ein Backblech setzen. Das Blech in den Ofen geben und die Paprika etwa 10 Minuten bräunen, bis die Haut Blasen wirft. Herausnehmen, etwas abkühlen lassen, die Haut abziehen und das Fruchtfleisch in Stücke schneiden.
2. Die Schalotten schälen, die Champignons waschen und putzen. Den Essig zusammen mit 4 Eßlöffeln Wasser, dem Lorbeerblatt, 1 Teelöffel Meersalz und 1/2 Teelöffel Pfeffer zum Kochen bringen. Die Schalotten hineingeben und etwa 15 Minuten köcheln lassen. Dann herausnehmen und beiseite legen.
3. Die Pfefferschote waschen, längs halbieren, entkernen, in Ringe schneiden und zusammen mit den Champignons in dem Sud 5 Minuten kochen. Dann ebenfalls herausnehmen.
4. Den Zucchino waschen, putzen und in Scheiben schneiden. 4 Eßlöffel Öl in einer Pfanne erhitzen und die Zucchinischeiben darin goldgelb braten. Mit Salz und Pfeffer würzen.
5. Den Knoblauch schälen und durch die Presse drücken. Restliches Sojaöl, Knoblauch, Salz und Pfeffer verrühren. Das Basilikum waschen, trockenschleudern, drei Viertel davon in feine Streifen schneiden und dazugeben, die übrigen Blätter zum Garnieren beiseite legen.
6. Paprika, Schalotten, Zucchino, Pfefferschoten und Champignons auf Tellern anrichten und mit Basilikumöl beträufeln. Jeden Teller mit Basilikumblättern garnieren.

Spargel-Zucker-schoten-Salat

Zubereitungszeit
ca. 25 Min.

Zutaten für 4 Personen
200 g Zuckerschoten
Meersalz
200 g grüner Spargel
einige Lollo- rosso-Blätter
8 Schalotten
6 EL Sojaöl
4 EL Weißweinessig
1 TL mittelscharfer Senf
schwarzer Pfeffer aus der Mühle
1 Prise Zucker
Zitronenachteln und einige Zweige Zitronenmelisse zum Garnieren

So wird's gemacht

1. Die Zuckerschoten putzen, waschen und in kochendem Salzwasser kurz blanchieren. Kalt abschrecken und abtropfen lassen. Den Spargel waschen, die holzigen Enden entfernen, die Stangen halbieren und in kochendem Salzwasser etwa 5 Minuten garen. Dann herausnehmen.
2. Die Salatblätter waschen, trockentupfen und in Stücke zupfen. Die Schalotten schälen, fein hacken und in 2 Eßlöffeln Öl 5 Minuten braten. Dann herausnehmen und abkühlen lassen.
3. Essig und Senf verrühren, restliches Öl darunterschlagen und das Dressing mit Salz, Pfeffer und Zucker abschmecken.
4. Vier Teller mit den Salatblättern auslegen. Zuckerschoten und Spargel daraufgeben, alles mit Dressing beträufeln und mit Zitronenachteln und Zitronenmelisse garnieren.

Carpaccio von Avocado

Zubereitungszeit
ca. 20 Min.

Zeit zum Marinieren
ca. 30 Min.

Zutaten für 4 Personen

Für das Dressing:
6 EL Weißweinessig
Meersalz
weißer Pfeffer aus der Mühle
1 Msp. getrockneter Oregano
4 EL Walnußöl

Für den Salat:
2 reife Avocados (à ca. 200 g)
Saft von 1 Zitrone
100 g Champignons
100 g Kirschtomaten, 1 Schalotte

So wird's gemacht

1. Den Weißweinessig mit Hilfe eines Schneebesens mit Salz, Pfeffer und Oregano verrühren. Dann das Öl unter ständigem Rühren in dünnem Strahl dazufließen lassen und das Ganze zu einem cremigen Dressing schlagen.
2. Die Avocados dünn schälen, längs halbieren und entkernen. Das Fruchtfleisch der Länge nach in dünne Scheiben schneiden, auf eine Platte legen, mit Zitronensaft beträufeln und mit der Hälfte der Marinade begießen. Mit Alufolie zudecken und im Kühlschrank 30 Minuten ziehen lassen.
3. Die Champignons putzen, abbrausen und blättrig schneiden. Sofort mit Zitronensaft beträufeln, damit sie schön hell bleiben. Die Kirschtomaten waschen, vom Stielansatz befreien und vierteln. Die Schalotte schälen und fein hacken.
4. Champignons, Tomaten und Schalotte in eine Schüssel füllen und mit der restlichen Marinade gut vermischen. Die Avocadoscheiben auf vier Tellern verteilen. Den Salat jeweils daraufgeben und das Carpaccio sofort servieren.

Tip

Dazu paßt frischgetoastetes Graubrot mit Butter.

Avocado-Radicchio-Salat

Zubereitungszeit
ca. 15 Min.

Zutaten für 4 Personen
Für den Salat:
1 Kopf Radicchio (ca. 100 g)
einige Blätter Friséesalat
3 Avocados (à ca. 250 g)
Für das Dressing:
1 große Knoblauchzehe
2 Frühlingszwiebeln
1 EL Kapern (aus dem Glas)
1 Kästchen Kresse (ca. 15 g)
4 EL Sherryessig
1–2 EL Wasser
4 EL Öl, Salz
schwarzer Pfeffer aus der Mühle
1 TL Zucker

So wird's gemacht

1. Den Radicchio und den Friséesalat putzen, waschen, trockenschleudern und auf einer Platte arrangieren. Die Avocados dünn schälen, längs halbieren und entkernen. Das Fruchtfleisch quer in Scheiben schneiden.
2. Den Knoblauch schälen und durch die Presse drücken. Die Frühlingszwiebeln putzen, waschen und sehr fein hacken. Die Kapern abtropfen lassen und ebenfalls fein hacken. Die Kresse mit einer Küchenschere abschneiden, gut waschen und abtropfen lassen.
3. Knoblauch, Frühlingszwiebeln, Kapern sowie Kresse in eine Schüssel geben und darin mit Essig, Wasser und Öl verrühren. Das Dressing kräftig mit Salz, Pfeffer und Zucker abschmecken.
4. Die Avocadoscheiben vorsichtig im Dressing wenden und anschließend auf den Salaten anrichten. Das restliche Dressing darüberträufeln und alles sofort servieren.

Tip

Durch ihren milden, leicht nußartigen Geschmack lassen sich Avocados mit vielen Gemüsen kombinieren. In diesem Rezept zum Beispiel auch mit zartem Gemüsemais.

Gemüse-gerichte

Es hat sich längst herumgesprochen, daß eine fleischlose und gesunde Kost nicht fade und eintönig schmeckt. Im Gegenteil; gerade bei der Zubereitung von Gemüsegerichten sind Phantasie und Kreativität gefragt. Eine ausgesuchte Kombination von Gemüsen, Kräutern und Gewürzen läßt ungeahnte Gaumenfreuden entstehen, die nicht nur Vegetariern mundet.

Grünkernküchlein mit Brokkolisauce
Rezept Seite 189

Carpaccio vom weißen Spargel in Pilzvinaigrette

Zubereitungszeit
ca. 15 Min.

Zutaten für 4 Personen
20 Stangen weißer Spargel
16 Zuckerschoten
Für die Pilzvinaigrette:
2 Tomaten
2 Schalotten
200 g Egerlinge
8 EL kaltgepreßtes Sonnenblumenöl
1 Knoblauchzehe
4 EL Balsamico-Essig
weißer Pfeffer aus der Mühle
Kräutersalz
2 EL kaltgepreßtes Olivenöl
1 TL Steinpilzöl
einige Kerbelblättchen zum Garnieren

So wird's gemacht
1. Die Spargelstangen schälen, die holzigen Enden abschneiden und die Stangen auf dem Gemüsehobel längs in hauchdünne Scheiben schneiden. Die Schalen und Abschnitte beiseite legen und anderweitig verwenden, zum Beispiel für einen Fond.
2. Die Zuckerschoten waschen und putzen. Anschließend kurz in kochendem Wasser blanchieren, abschrecken und quer in Streifen schneiden.
3. Die Tomaten über Kreuz einritzen, mit kochend heißem Wasser überbrühen, vom Stielansatz befreien, enthäuten, entkernen und das Fruchtfleisch würfeln.
4. Die Schalotten schälen und sehr fein würfeln. Die Egerlinge putzen, mit einem feuchten Tuch abwischen und in feine Würfel schneiden.
5. Das Sonnenblumenöl in einer Pfanne erhitzen, die Knoblauchzehe ungeschält hineinlegen und die Pilze zusammen mit den Schalotten darin anschwitzen.
6. Nach kurzer Zeit mit Essig ablöschen, die Pfanne vom Herd nehmen und die Pilze mit Pfeffer und Kräutersalz würzen.
7. Die Knoblauchzehe herausnehmen. Die Tomatenwürfel sowie das Olivenöl und das Steinpilzöl dazugeben und alles gut miteinander verrühren.
8. Die Spargelstreifen auf vier großen flachen Tellern anrichten, die Zuckerschoten darübergeben, alles mit der heißen Marinade überziehen und mit Kerbelblättchen bestreuen.

(auf dem Foto: oben)

Variationen

Auf die gleiche Weise können Sie ein Zucchinicarpaccio mit warmer Balsamico-Vinaigrette zubereiten. Bestreuen Sie es dann mit geriebenem Parmesan und Basilikumstreifen. Oder probieren Sie ein Carpaccio aus hauchdünn gehobelten Topinamburknollen, über die Sie nur ein wenig zerlassene Butter, vermischt mit Olivenöl, einem Hauch Trüffelöl, etwas Salz und Pfeffer geben. Dann das Ganze ganz kurz in den heißen Ofen schieben und anschließend mit geriebenem Parmesan und Schnittlauchröllchen bestreuen.

Gebratene Shiitakepilze

Zubereitungszeit
ca. 20 Min.

Zutaten für 4 Personen
200 g Shiitakepilze, 2 Tomaten
6 EL kaltgepreßtes Sonnenblumenöl
1 TL Steinpilzöl, 2 Knoblauchzehen
1 Zweig Thymian, Kräutersalz
weißer Pfeffer aus der Mühle
4 Scheiben Dinkelvollkornbrot
(in Bioläden erhältlich)
4 EL Butter, 2 TL Balsamico-Essig
Vollmeersalz
einige Thymianzweige zum Garnieren

So wird's gemacht
1. Die Pilze mit einem feuchten Tuch abwischen und die Stiele mit der Hand herausdrehen. Die Pilzköpfe in Streifen schneiden.
2. Die Tomaten über Kreuz einritzen, mit kochend heißem Wasser überbrühen, vom Stielansatz befreien, enthäuten, entkernen und das Fruchtfleisch würfeln.
3. Das Sonnenblumenöl und das Steinpilzöl in einer Pfanne erhitzen.
4. Die Knoblauchzehen schälen, halbieren und zusammen mit dem Thymianzweig in das Öl geben.
5. Die Pilze hinzufügen und etwa 5 Minuten braten. Dann die Pfanne vom Herd nehmen und die Pilze mit Kräutersalz und Pfeffer würzen.
6. Die Vollkornbrotscheiben toasten. Die Butter in einem kleinen Topf erwärmen und die Tomatenwürfel zusammen mit Essig und etwas Salz darin erwärmen.
7. Die Brotscheiben auf Teller legen und die Pilze sowie die Tomatenwürfel darauf anrichten. Jedes Brot mit einem Thymianzweig garnieren.

(auf dem Foto: unten)

Linsen-Weizen-Curry

Zubereitungszeit
ca. 1 Std. 15 Min.

Zeit zum Quellen
über Nacht

Zutaten für 4 Personen

75 g Weizen
600 ml Wasser
150 g rote Linsen
Meersalz
schwarzer Pfeffer aus der Mühle
1 EL mildes Currypulver
2 Zwiebeln
1 EL Butter
2 EL kaltgepreßtes Olivenöl
75 g halbierte Mandeln
300 g frische Ananas
2 Knoblauchzehen
etwas frische Ingwerwurzel

So wird's gemacht

1. Die Weizenkörner über Nacht im Wasser quellen lassen.
2. Am nächsten Tag 30 bis 35 Minuten zusammen mit dem Einweichwasser auf kleiner Flamme kochen. Die Linsen waschen, hinzufügen und das Ganze nochmals 20 Minuten köcheln lassen.
3. Wenn die Körner zu platzen beginnen, mit Meersalz, Pfeffer und Currypulver würzen und im geschlossenen Topf ausquellen lassen.
4. Die Zwiebeln schälen und in dünne Streifen schneiden. Die Butter und das Olivenöl in einem Topf erhitzen. Die Zwiebeln darin glasig werden lassen. Die Linsen-Weizen-Mischung dazugeben und bei milder Hitze anschwitzen. Dabei öfters umrühren.
5. Die Mandeln in einer beschichteten Pfanne ohne Fettzugabe hellbraun rösten. Die Ananas dünn schälen und das Fruchtfleisch würfeln, dabei die „Augen" entfernen. Die Knoblauchzehen schälen und fein hacken. Den Ingwer ebenfalls schälen und ganz fein reiben.
6. Die Ananaswürfel und die Mandeln zur Linsen-Weizen-Mischung geben. Alles gut vermischen und mit Knoblauch und Ingwer abschmecken.

(auf dem Foto oben)

Currylinsen mit gedünstetem Gemüse

Zubereitungszeit
ca. 45 Min.

Zutaten für 4 Personen

200 g rote Linsen
3 Zwiebeln
1 Knoblauchzehe
10 g frischer Ingwer
4 EL Butter
1 TL Currypulver
1 TL Kurkuma
700 ml Gemüsebrühe
(aus Instantpulver)
100 g Zucchini
100 g rote Paprikaschoten
100 g Petersilienwurzel
100 g saure Sahne
Obstessig
Meersalz
schwarzer Pfeffer aus der Mühle
einige Zweige Oregano und Basilikum

So wird's gemacht

1. Die Linsen waschen und abtropfen lassen. Eine Zwiebel schälen und in Scheiben schneiden. Den Knoblauch und den Ingwer jeweils schälen und fein hacken.
2. Etwa 2 Eßlöffel Butter in einem Topf erhitzen. Knoblauch und Ingwer darin andünsten. Den Topf vom Herd nehmen, den Curry und den Kurkuma untermischen, die Linsen dazugeben und unter Rühren 2 Minuten braten.
3. Mit etwa 300 ml Gemüsebrühe auffüllen und die Linsen zugedeckt bei mittlerer Hitze 25 bis 30 Minuten garen.
4. Inzwischen das Gemüse putzen, waschen und in Würfel schneiden. Die restliche Butter erhitzen, das Gemüse darin andünsten, die restliche Gemüsebrühe dazugeben und das Gemüse gar dünsten.
5. Das Gemüse mit Salz und Pfeffer abschmecken. Die Linsen auf vier Tellern verteilen. Das Gemüse darübergeben. Die saure Sahne mit dem Obstessig verrühren und jeweils über das Gemüse geben. Die Kräuter waschen, trockentupfen, fein hacken und über jede Portion streuen.

Variation

Sehr fein schmecken auch Linsen auf schwäbische Art. Hierfür 400 g braune Linsen über Nacht in Wasser einweichen und am nächsten Tag in 1/2 Liter Gemüsebrühe 15 bis 20 Minuten garen. Eine gewürfelte Zwiebel, 2 gewürfelte Karotten und eine in Ringe geschnittene Stange Lauch in 2 Eßlöffeln Butter andünsten. Zwei Eßlöffel Tomatenmark hinzufügen, das Gemüse mit 150 Millilitern Weißwein und dem Saft von 1 Zitrone ablöschen und zu den Linsen geben. 150 g Crème fraîche mit 1 Eßlöffel Vollkornmehl verrühren, das Ganze damit binden und mit Meersalz, Pfeffer, 2 Eßlöffeln flüssigem Honig und 3 Eßlöffeln Obstessig abschmecken.

Gefüllte Fleischtomaten mit Buchweizen

Zubereitungszeit
ca. 1 Std. 30 Min.

Zutaten für 4 Personen
8 vollreife Fleischtomaten
150 g Buchweizengrütze
4 EL Gemüsebrühe (aus Instantpulver)
4 Lauchzwiebeln
3 EL Butter oder Margarine
150 g Frischkäse (z.B. von Cortina)
150 g mittelalter frisch geriebener Gouda, edelsüßes Paprikapulver
Kräutersalz
schwarzer Pfeffer aus der Mühle
eventuell 1 TL brauner Zucker
Butter für die Form

So wird's gemacht

1. Die Fleischtomaten waschen, den Deckel abschneiden und die Stielansätze aus dem Fruchtfleisch herausschneiden. Die Deckel zum Abdecken aufbewahren. Das Fruchtfleisch mit einem Teelöffel herauslösen und purieren. Die Tomaten umgedreht auf Küchenpapier abtropfen lassen.
2. Das Tomatenpüree mit Wasser verdünnen, bis es etwa 500 Milliliter umfaßt und zusammen mit der Buchweizengrütze und der Gemüsebrühe in einen Topf geben. Bei geringer Hitze aufkochen und 15 Minuten quellen lassen. Dann die Herdplatte ausschalten und die Grütze im geschlossenen Topf nochmals 15 Minuten nachquellen lassen.
3. Den Backofen auf 200° C vorheizen. Die Lauchzwiebeln putzen, waschen und in feine Ringe schneiden. Die Butter oder Margarine in einer Pfanne erhitzen und die Lauchzwiebeln darin 10 Minuten dünsten. Die Buchweizengrütze, den Frischkäse und den Gouda hinzufügen. Die Masse mit Paprikapulver, Kräutersalz, Pfeffer und eventuell Zucker abschmecken.
4. Eine Auflaufform mit Butter ausstreichen. Die Buchweizenmasse mit einem Teelöffel in die Tomaten füllen, diese in die Auflaufform setzen und mit den „Deckeln" abdecken. Das Ganze in den Ofen geben und etwa 40 Minuten backen.

Austernpilz-kartoffeln

Zubereitungszeit
ca. 45 Min.

Zutaten für 4 Personen
Butter für die Form
800 g Kartoffeln
800 g Austernpilze
2 EL Butter
Meersalz
schwarzer Pfeffer aus der Mühle
250 g Sahne
2 Eier
5 EL frisch geriebener Parmesan
2 EL gehackter Thymian
4 EL Schnittlauchröllchen

So wird's gemacht

1. Eine Auflaufform mit Butter ausstreichen. Die Kartoffeln schälen, waschen, in Scheiben schneiden und in die Form schichten. Den Backofen auf 225 ° C vorheizen.
2. Die Austernpilze waschen, putzen und kleinschneiden. Die Butter in einer Pfanne erhitzen, die Pilze darin 5 Minuten anbraten und dann mit Salz und Pfeffer würzen.
3. Die Sahne mit den Eiern, dem Käse, Salz, Pfeffer und Thymian verrühren. Die Pilze auf die Kartoffelscheiben geben und mit der Eiersahne übergießen.
4. Das Ganze in den Ofen geben und 25 bis 30 Minuten backen. Jede Portion vor dem Servieren mit Schnittlauch bestreuen.

Tip

Dazu paßt ein Tomatensalat.

Tomaten-Champignon-Pfännchen

Zubereitungszeit
ca. 25 Min.

Zutaten für 4 Personen

2 Zwiebeln
200 g Champignons
etwas Zitronensaft
2 EL Butter
Meersalz
schwarzer Pfeffer aus der Mühle
1 Prise Muskatpulver
1 Prise Cayennepfeffer
2 EL gehackte Petersilie
2 EL Schnittlauchröllchen
200 g Sahne
Butter oder Öl für die Form
4 Fleischtomaten
200 g Schafskäse
Basilikumzweige zum Garnieren

So wird's gemacht

1. Die Zwiebeln schälen und fein würfeln. Die Champignons putzen, kurz abbrausen, in Scheiben schneiden und mit Zitronensaft beträufeln.
2. Die Butter in einem Topf erhitzen und die Zwiebeln darin hellgelb anschwitzen. Dann die Champignons hinzufügen und kurz andünsten.
3. Die Pilze mit Meersalz, Pfeffer, Muskat sowie Cayennepfeffer kräftig würzen. Dann die Kräuter unterziehen, die Sahne angießen, alles gut vermengen und einmal aufkochen lassen. Die Pilze vom Herd nehmen.
4. Den Backofen auf 200 ° C vorheizen. Eine Auflaufform oder eine gußeiserne Pfanne mit Butter oder Öl ausstreichen und die Pilze darin verteilen.
5. Die Tomaten waschen, vom Stielansatz befreien und halbieren. Die Tomatenhälften auf die Pilze setzen.
6. Den Schafskäse in Scheiben schneiden und über die Tomaten legen. Die Auflaufform oder die Pfanne in den Ofen geben und alles etwa 5 Minuten überbacken. Das Tomatenpfännchen mit Basilikumzweigen garnieren und sofort servieren.

(auf dem Foto oben)

Variationen

Sie können den Schafskäse auch durch in Scheiben geschnittenen Mozzarella ersetzen, dann schmeckt das Gericht milder. Zum Überbacken eignen sich nahezu alle Gemüsesorten. Lecker schmeckt zum Beispiel überbackener Blumenkohl und Brokkoli. Hierfür je 500 g TK-Blumenkohl- und Brokkoliröschen auftauen lassen. Einen halben Liter Gemüsebrühe zusammen mit 8 Eßlöffeln Weißwein und 1 mit Nelken gespickten Zwiebel zum Kochen bringen. Die Blumenkohl- und Brokkoliröschen darin bißfest garen. Die Röschen und die Zwiebel aus dem Sud nehmen und diesen mit 1/2 Teelöffel Johannisbrotkernmehl binden. 6 Eßlöffel Sahne dazugeben und die Sauce mit Salz, Pfeffer, Muskat und Cayennepfeffer kräftig abschmecken. Die Blumenkohl– und Brokkoliröschen in eine ausgefettete Auflaufform geben, mit der Sauce begießen und mit 100 g geriebenem Emmentaler bestreuen. Im Ofen bei 200° C etwa 5 Minuten überbacken.

Lauch mit Ricotta

Zubereitungszeit
ca. 25 Min.

Zutaten für 4 Personen

800 g Lauch (4 mittelgroße Stangen)
1/2 Liter Milch
Meersalz
weißer Pfeffer aus der Mühle
etwas frisch geriebene Muskatnuß
400 g Ricotta (ersatzweise Schichtkäse)
1 TL rosa Pfefferkörner
1 TL Speisestärke

So wird's gemacht

1. Den Lauch putzen, gründlich waschen und in etwa 3 cm große Stücke schneiden. Diese nochmals kurz waschen und abtropfen lassen.
2. Die Milch in einen Topf geben, darin erhitzen und mit Salz, Pfeffer und Muskat abschmecken. Die Lauchstücke dazugeben.
3. Den Ricotta in Stücke schneiden und zum Lauch geben. Drei Viertel der Pfefferkörner im Mörser zerreiben und über den Lauch und den Ricotta streuen. Den Topf schließen und das Ganze etwa 8 Minuten bei milder Hitze garen.
4. Das Gemüse mit einem Schaumlöffel herausnehmen und ohne Flüssigkeit auf vier Tellern anrichten.
5. Die Milch nochmals aufkochen lassen. Die Speisestärke mit etwas Wasser verrühren. Die angerührte Stärke in die kochende Milch rühren, diese kurz aufkochen lassen und nochmals abschmekken. Die Sauce jeweils über den Lauch gießen und mit den restlichen Pfefferkörnern bestreuen.

(auf dem Foto unten)

Gefüllte Wirsingroulade mit Steinpilzsauce

Zubereitungszeit
ca. 1 Std. 15 Min.

Zeit zum Einweichen
über Nacht

Zutaten für 4 Personen
250 g Weizenkörner
2 TL Gemüsebrüheinstantpulver
30 g getrocknete Steinpilze
1 kleiner Wirsing (ca. 800 g)
Meersalz, 1 Lauchzwiebel
1 rote Paprikaschote, 1 Ei
5 EL gehackte Mandeln
100 g frisch geriebener Gouda
4 EL Sojaöl, 2 EL Crème fraîche
schwarzer Pfeffer aus der Mühle

So wird's gemacht

1. Die Weizenkörner über Nacht in 1/2 Liter Wasser einweichen. Am nächsten Tag im Einweichwasser unter Zugabe der Gemüsebrühe zum Kochen bringen. Die Weizenkörner bei schwacher Hitze 20 Minuten köcheln, dann ohne Hitzezufuhr im geschlossenen Topf 20 Minuten quellen lassen.
2. Die Steinpilze in 1/4 Liter Wasser einweichen. Den Wirsing putzen, 12 gleichgroße Blätter ablösen, waschen, in kochendem Salzwasser 2 Minuten blanchieren und abtropfen lassen. Den übrigen Wirsing anderweitig verwenden.
3. Die Lauchzwiebel putzen, waschen und in Ringe schneiden. Die Paprikaschote waschen, halbieren, von weißen Trennwänden und Kernen befreien und das Fruchtfleisch fein würfeln.
4. Die Weizenkörner mit Lauchzwiebelringen, Paprikawürfeln, Ei, Mandeln und Käse gut vermengen. Jeweils 3 Wirsingblätter aufeinanderlegen und die Weizenmischung darauf verteilen. Die Blätter fest zusammenrollen, dabei die Seiten einschlagen und mit Küchengarn umwickeln.
5. Das Sojaöl in einer großen Pfanne erhitzen und die Wirsingrouladen darin rundherum anbraten. Die Steinpilze abtropfen lassen, das Pilzwasser auffangen und durchsieben. Die Steinpilze zu den Rouladen geben und andünsten. Mit Pilzwasser ablöschen und zugedeckt 20 Minuten garen. Zum Schluß die Crème fraîche in die Sauce einrühren und diese mit Salz und Pfeffer kräftig würzen. Die Rouladen zusammen mit der Sauce anrichten.

Mangoldröllchen

Zubereitungszeit
ca. 1 Std. 15 Min.

Zeit zum Einweichen
über Nacht

Zutaten für 4 Personen
100 g Gerste, 500 ml Gemüsebrühe
100 g feines Gerstenvollkornschrot
Meersalz, 1 Zwiebel
200 g Austernpilze
2 EL kaltgepreßtes Olivenöl
1 EL Thymianblättchen
Kräutersalz, Pfeffer aus der Mühle
2 Eier, 3 EL Butter, 12 Mangoldblätter
etwas Gemüsebrühe

So wird's gemacht

1. Die Gerste über Nacht in der Gemüsebrühe einweichen. Dann etwa 40 Minuten kochen, das Gerstenschrot etwa 15 Minuten vor Ende der Garzeit einrühren und unter ständigem Rühren weitere 15 Minuten kochen lassen. Salzen, vom Herd nehmen und zugedeckt ausquellen lassen.
2. Zwiebel schälen und fein würfeln. Pilze putzen, waschen und in kleine Stücke schneiden. Zwiebelwürfel in wenig Olivenöl andünsten, Thymianblättchen und Pilze dazugeben und kurz mitdünsten, unter die Gerstenmasse heben.
3. Das Ganze mit Kräutersalz und Pfeffer würzen, Eier und Butter hinzufügen. Mangoldblätter in kochendem Salzwasser 2 Minuten blanchieren, abschrecken und abtropfen lassen. Die Blätter mit Kräutersalz und Pfeffer würzen und mit Gerstenmasse füllen.
4. Die Seiten der Blätter einschlagen und aufrollen. Die Röllchen in einer flachen Kasserolle im restlichen Olivenöl rundherum kurz anbraten. Dann etwas Gemüsebrühe angießen und alles 10 bis 15 Minuten dünsten.

Gefüllte Auberginen

Zubereitungszeit
ca. 1 Std.

Zutaten für 4 Personen

4 kleine Auberginen
Meersalz
200 g Pfifferlinge oder Champignons
1 Stange Lauch
3 EL kaltgepreßtes Olivenöl
4 EL feines Hafervollkornmehl
1 EL feingehackter Thymian
frisch geriebene Muskatnuß
Butter für die Form
1 EL feingehackte Petersilie
200 ml Gemüsebrühe
(aus Instantpulver)
120 g Sahne

So wird's gemacht

1. Den Backofen auf 225° C vorheizen. Die Auberginen waschen, die Stielansätze und die Enden jeweils wegschneiden und die Früchte halbieren. Die Hälften leicht salzen und im Ofen 15 bis 20 Minuten backen. Dann das Innere herauslösen und grob hacken.
2. Die Pilze und den Lauch jeweils putzen, gründlich waschen, abtrocknen und fein hacken. Beides in 2 Eßlöffeln Öl etwa 10 Minuten dünsten. Dann das Auberginenfleisch dazugeben.
3. Die Gemüsemasse mit dem Hafervollkornmehl binden und mit dem Thymian und den Gewürzen kräftig abschmecken. Den Backofen auf 180 ° C vorheizen.
4. Eine Auflaufform mit Butter ausstreichen. Die ausgehöhlten Auberginenhälften hineinsetzen. Die Petersilie unter die Gemüsemasse heben und diese in die Auberginenhälften füllen.
5. Die Gemüsebrühe angießen, die Form mit Alufolie abdecken (die glänzende Seite nach innen) und die Auberginen im Ofen 25 bis 30 Minuten garen. Dann herausnehmen. Die Auflaufform auf eine Herdplatte stellen, den Gemüsefond erhitzen, aufwallen lassen, die Sahne einrühren und etwas einkochen lassen. Die Auberginen auf Tellern anrichten und mit Sauce übergießen.

Geschmorte Auberginen

Zubereitungszeit
ca. 45 Min.

Zutaten für 4 Personen

4 kleine Zwiebeln
4 Knoblauchzehen
kaltgepreßtes Olivenöl
2 große Auberginen
4 vollreife Tomaten
Meersalz
schwarzer Pfeffer aus der Mühle
gemahlener Koriander
Saft von 1 Zitrone
etwas trockener Weißwein
2 Lorbeerblätter

So wird's gemacht

1. Die Zwiebeln und die Knoblauchzehen jeweils schälen, die Zwiebeln in Scheiben schneiden, die Knoblauchzehen durch die Presse drücken.
2. Den Backofen auf 225° C vorheizen. Eine Auflaufform mit Olivenöl ausstreichen und die Zwiebeln und den Knoblauch hineinlegen. Die Auberginen waschen, halbieren und mehrmals längs bis kurz vor dem Stielende einschneiden.
3. Die Tomaten waschen, vom Stielansatz befreien, in Scheiben schneiden und diese zwischen die Rippen der Auberginenfächer stecken. Die Auberginen auf die Zwiebeln legen.
4. Mit Meersalz, Pfeffer, und Koriander kräftig würzen und mit Zitronensaft und Weißwein beträufeln.
5. Die Lorbeerblätter darauflegen, die Form mit Alufolie abdecken (die glänzende Seite nach innen) und das Ganze im Ofen 10 Minuten backen. Dann die Alufolie entfernen, den Ofen auf 180° C herunterschalten und die Auberginen nochmals etwa 30 Minuten schmoren lassen, bis sich die Stielenden mit einer Gabel leicht einstechen lassen.

Tofugeschnetzeltes mit Austernpilzen

Zubereitungszeit
ca. 25 Minuten

Zeit zum Marinieren
ca. 15 Minuten

Zutaten für 4 Personen

200 g Tofu, Meersalz
weißer Pfeffer aus der Mühle
2 EL Zitronensaft
Currypulver
2 EL Sojasauce
1 Zwiebel
400 g Austernpilze
3–4 EL kaltgepreßtes Olivenöl
1 EL feines Weizenvollkornmehl
100 g Crème fraîche
2–3 EL trockener Weißwein
frisch geriebene Muskatnuß
Cayennepfeffer

So wird's gemacht

1. Den Tofu in dünne Streifen schneiden, mit Meersalz und Pfeffer würzen, in Zitronensaft, Currypulver und Sojasauce wenden und etwa 15 Minuten marinieren.
2. Die Zwiebel schälen und in feine Würfel schneiden. Die Austernpilze putzen, kurz waschen und in mundgerechte Stücke schneiden.
3. Die Hälfte des Öls in einer Pfanne erhitzen und die Zwiebel darin anschwitzen. Die Austernpilze dazugeben und andünsten.
4. Das Ganze mit Vollkornmehl bestäuben und dann die Crème fraîche und den Weißwein unterziehen.
5. Die Sauce mit Muskatnuß, Cayennepfeffer, Meersalz und Pfeffer kräftig würzen und bei mäßiger Hitze 6 bis 8 Minuten köcheln lassen.
6. Die Tofustreifen abtropfen lassen, in einer zweiten Pfanne im restlichen Öl rundherum anbraten und zusammen mit den Austernpilzen anrichten.

Tip

Bei Tofu ist eine festere und eine weichere Sorte auf dem Markt. Beide Sorten erhalten Sie in Reformhäusern oder in Naturkostläden. Im Kühlschrank ist Tofu etwa eine Woche haltbar.

Tofugeschnetzeltes mit jungem Gemüse

Zubereitungszeit
ca. 25 Minuten

Zeit zum Marinieren
ca. 15 Minuten

Zutaten für 4 Personen
8 EL Sojaöl
3 EL Worcestershiresauce
4 EL gemischte gehackte Kräuter (Dill, Basilikum, Kerbel)
Meersalz, Zitronensaft
200 g Tofu, 1 Karotte
1 Zucchino, 1 Stange Lauch
2 Zwiebeln, 150 g Egerlinge
150 g Champignons
100 g Austernpilze
2 EL Öl, 4 EL Butter, 2 EL Mehl
250 g Sahne, geriebene Muskatnuß
100 g geriebener Emmentaler
4 EL gehackte Kresse

So wird's gemacht

1. Aus Sojaöl, Worcestershiresauce, 2 Eßlöffeln der Kräuter, Salz und Zitronensaft eine Marinade herstellen. Tofu in dünne Streifen schneiden und darin einlegen.
2. Das Gemüse putzen, waschen und in Streifen schneiden. Zwiebeln schälen und würfeln. Pilze putzen und blättrig schneiden.
3. Öl erhitzen und Zwiebeln darin anschwitzen. Gemüse hinzufügen und dünsten. Pilze dazugeben und ebenfalls andünsten. Butter mit Mehl verkneten, Masse zum Gemüse geben und binden. Sahne angießen und aufkochen. Muskat und Emmentaler einrühren.
4. Eine Pfanne erhitzen, die Tofustreifen mitsamt der Marinade hineingeben und rundherum anbraten. Zusammen mit der Gemüse-Pilz-Mischung servieren. Mit den restlichen Kräutern und der Kresse bestreuen.

Champignon-Tofu auf Blattspinat

Zubereitungszeit
ca. 25 Minuten

Zeit zum Marinieren
ca. 2 Stunden

Zutaten für 4 Personen

250 g Tofu
3 Knoblauchzehen
3 cl trockener Sherry
5 EL Sojaöl
Meersalz
schwarzer Pfeffer aus der Mühle
1 Msp. Cayennepfeffer
1 TL gehackter Thymian
150 g Blattspinat
100 g Champignons
2 Schalotten
1 Bund Schnittlauch
Saft von 1 Zitrone

So wird's gemacht

1. Den Tofu in etwa 1 cm große Würfel schneiden und in eine Schüssel legen. Den Knoblauch schälen und durch eine Presse über den Tofu pressen. Den Sherry und 2 Eßlöffel Sojaöl darübergießen, salzen, pfeffern und mit Cayennepfeffer und Thymian würzen. Den Tofu zugedeckt im Kühlschrank 2 Stunden durchziehen lassen.
2. Den Blattspinat verlesen, gründlich waschen und die Stiele wegschneiden. In kochendem Salzwasser kurz blanchieren, kalt abschrecken und abtropfen lassen. Die Champignons putzen, waschen und blättrig schneiden. Die Schalotten schälen und sehr fein hacken. Den Schnittlauch waschen, trockenschleudern und in feine Röllchen schneiden.
3. Die Tofuwürfel aus der Marinade nehmen und abtropfen lassen. Das restliche Sojaöl in einer Pfanne erhitzen, Tofuwürfel und Champignons darin goldbraun braten und dann salzen und pfeffern.
4. Die Tofumarinade mit dem Zitronensaft mischen, nochmals abschmecken und den Blattspinat darin wenden. Die Schalotten unterheben und den Spinat auf Tellern verteilen. Die Pilz-Tofu-Mischung jeweils darübergeben und mit der restlichen Marinade begießen. Vor dem Servieren mit Schnittlauchröllchen bestreuen.

(auf dem Foto oben)

Variation

Probieren Sie einmal ein Spargel-Tofu-Ragout. Hierfür 500 g grünen Spargel putzen, die Stangen in 2 Bündeln mit Küchengarn zusammenbinden und in 1/2 Liter Gemüsebrühe in 10 Minuten bißfest garen. Dann den Spargel in Stücke schneiden. Die Gemüsebrühe mit 1/2 Liter Milch auffüllen und beides zum Kochen bringen. 2 Eßlöffel Butter mit 2 Eßlöffeln Vollkornmehl verkneten, die Brühe damit binden und mit Zitronensaft, Sojasauce sowie Kräutersalz abschmecken. 400 g Tofu würfeln, zusammen mit dem Spargel und 100 g blättrig geschnittenen Champignons in die Sauce geben und alles bei milder Hitze zugedeckt 5 Minuten ziehen lassen. Vor dem Servieren mit frischen gehackten Kräutern bestreuen.

Rote-Bete-Gemüse

Zubereitungszeit
ca. 35 Minuten

Zutaten für 4 Personen

500 g rote Bete
300 g Karotten
3 Zwiebeln
2 EL kaltgepreßtes Sonnenblumenöl
1/4 Liter Gemüsebrühe
(aus Instantpulver z.B. 1 Würfel Maggi „Klare Gemüsesuppe")
1 EL Meerrettich (aus dem Glas)
2 EL gehackte Petersilie
4 EL saure Sahne

So wird's gemacht

1. Die rote Bete und die Karotten putzen, schälen und in grobe Würfel schneiden. Die Zwiebeln schälen und achteln.
2. Das Sonnenblumenöl in einem Topf erhitzen und die Zwiebeln darin glasig dünsten. Dann die rote Bete und die Karotten hinzufügen und ebenfalls andünsten.
3. Die Gemüsebrühe angießen, den Topf verschließen und das Gemüse etwa 20 Minuten bei mittlerer Hitze köcheln lassen.
4. Dann den Meerrettich und die Petersilie unterrühren. Das Gemüse auf vier Tellern verteilen und jede Portion mit einem Klecks saurer Sahne garnieren.

(auf dem Foto unten)

Tip

Sie können bei diesem Rezept auch frisch geriebenen Meerrettich verwenden. Lassen Sie ihn aber dann vor dem Dazugeben etwa 5 Minuten stehen, damit er etwas an Schärfe verliert.

Gratinierte Linsenbratlinge

Zubereitungszeit
ca. 45 Minuten

Zutaten für 4 Personen
200 g rote Linsen
1/2 Liter Gemüsebrühe
(aus Instantpulver)
1 Lorbeerblatt
1 Zwiebel, 1 Karotte
2 EL kaltgepreßtes Olivenöl
1/2 Bund Kräuter (Schnittlauch, Dill und Estragon), 2 Eier
60 g feines Weizenvollkornmehl
75 g Crème fraîche
3 EL grobes Hafervollkornschrot
Kräutersalz
schwarzer Pfeffer aus der Mühle
200 g Emmentaler in Scheiben

So wird's gemacht
1. Die Linsen in der Gemüsebrühe zusammen mit dem Lorbeerblatt im offenen Topf 20 bis 30 Minuten kochen. Dann das Lorbeerblatt entfernen.
2. Die Zwiebel und die Karotte schälen und jeweils fein würfeln. Die Kräuter waschen, trockentupfen und jeweils fein hacken. Den Backofen auf 220° C vorheizen.
3. Die Hälfte des Olivenöls in einem kleinen Topf erhitzen und die Zwiebel und die Karotte darin gar dünsten. Eier, Mehl, Crème fraîche, Hafervollkornschrot, Kräuter, Zwiebel und Karotte verrühren, unter die Linsen heben und diese kräftig abschmecken.
4. Aus der Masse mit feuchten Händen kleine Frikadellen formen. Diese im restlichen Öl von beiden Seiten 2 bis 3 Minuten braten. Mit Käsescheiben belegen und kurz im Backofen überbacken.

(auf dem Foto: links)

Chinesische Bohnenpfanne

Zubereitungszeit
ca. 25 Minuten

Zutaten für 4 Personen
1 Zwiebel, 2 Knoblauchzehen
2 Karotten
je 1 rote und gelbe Paprikaschote
400 g Adzukibohnensprossen
4 EL Sesamöl
5 EL Sojasauce
150 ml Gemüsebrühe
(aus Instantpulver)
flüssiger Honig nach Geschmack
Obstessig nach Geschmack
Fünfgewürzpulver
Currypulver, Meersalz
schwarzer Pfeffer aus der Mühle

So wird's gemacht
1. Zwiebel und Knoblauch schälen und fein hacken. Die Karotten schälen und in sehr feine Streifen schneiden. Die Paprikaschoten waschen, halbieren, von weißen Trennwänden und Kernen befreien und in feine Streifen schneiden. Die Adzukibohnensprossen kalt abspülen und abtropfen lassen.
2. Das Sesamöl am besten in einem Wok erhitzen und die Zwiebel und den Knoblauch darin anschwitzen. Die Karotten und die Paprikaschoten dazugeben und ebenfalls kurz anschwitzen.
3. Die Adzukibohnensprossen dazugeben und unter Rühren erhitzen.
4. Die Sojasauce mit der Gemüsebrühe verrühren und das Gemüse damit ablöschen. Alles aufkochen lassen und mit Honig, Obstessig, Fünfgewürz-, Currypulver, Salz und Pfeffer süß-säuerlich abschmecken.

(auf dem Foto: Mitte)

Gewürzplätzchen mit Sesamsauce

Zubereitungszeit
ca. 1 Std. 40 Minuten

Zutaten für 4 Personen
Für die Gewürzplätzchen:
200 g eingeweichte Kichererbsen
800 ml Gemüsebrühe
2 Knoblauchzehen, 1 Zwiebel
2 EL kaltgepreßtes Olivenöl
je 1/2 TL Koriander-, edelsüßes Paprika-, Kreuzkümmel-, Muskatnußpulver, feines Dinkelvollkornmehl
1 Ei, Meersalz, 2 EL Kokosfett
Außerdem:
4 durchgepreßte Knoblauchzehen
4 EL Sesammus, 4 EL Mandelmus
Saft von 1 Zitrone, Mineralwasser
2 EL geröstete Mandelblättchen
einige Friséeblätter zum Garnieren

So wird's gemacht
1. Die Kicherbsen in der Brühe 1 Stunde kochen. Die Knoblauchzehen und die Zwiebel schälen, fein hacken und im Olivenöl andünsten.
2. Die Kichererbsen pürieren und mit den Gewürzen, Dinkelvollkornmehl und Eigelb zu einem Teig verarbeiten. Die Zwiebel-Knoblauch-Mischung zusammen mit dem steif geschlagenen Eiweiß unterziehen.
3. Die Masse mit Salz abschmecken und zu kleinen Plätzchen formen. Diese im heißen Kokosfett von beiden Seiten goldbraun braten.
4. Knoblauchzehen mit Sesam- und Mandelmus sowie Zitronensaft verrühren. Mit Mineralwasser verdünnen, bis eine cremige Sauce entstanden ist. Die Gewürzplätzchen auf den gewaschenen Salatblättern anrichten. Mit Sesamsauce und Mandeln garnieren. Die restliche Sauce dazu reichen.

(auf dem Foto: rechts)

Haferpuffer mit Kräuterquark

Zubereitungszeit
ca. 40 Minuten

Zutaten für 4 Personen
150 g Haferflocken
50 g geschroteter Leinsamen
1/4 Liter Gemüsebrühe
(aus Instantpulver z.B. 1 Würfel Maggi „Klare Gemüsesuppe")
1 Karotte, 2 Eier
2 EL Mehl
4 EL gemischte gehackte Kräuter (Schnittlauch, Petersilie, Dill, Estragon)
400 g Quark (20 % Fett)
3 EL Sonnenblumenöl
(z.B. Thomy Sonnenblumenöl)
3 EL Milch

So wird's gemacht

1. Die Haferflocken und den Leinsamen in eine Schüssel geben. Die Gemüsebrühe kochend heiß darübergießen.
2. Die Karotte schälen, fein würfeln und zusammen mit den Eiern und dem Mehl zu den Haferflocken geben. Das Ganze gut vermischen.
3. Die Kräuter unter den Quark ziehen, 100 g davon unter die Flocken ziehen. Aus der Masse mit feuchten Händen etwa 12 kleine Puffer formen.
4. Das Öl in einer Pfanne erhitzen und die Puffer darin von beiden Seiten 2 bis 3 Minuten goldbraun braten. Den verbliebenen Kräuterquark mit der Milch verrühren und zusammen mit den Puffern servieren.

Tip

Dazu paßt ein gemischter Salat.

Variation

Sehr fein und schnell gemacht sind auch Kartoffel-Gemüse-Rösti. Hierfür 4 mittelgroße Kartoffeln, 2 Karotten, 1 Zucchino, 2 Zwiebeln und 1 Petersilienwurzel schälen bzw. putzen und mit der Rohkostreibe grob raspeln. 2 Teelöffel Thymianblättchen zur Masse geben und diese mit Salz und Pfeffer würzen. Aus der Masse dünne, flache Rösti formen und diese in heißem Kokosfett von beiden Seiten knusprig braten.

Gemüsepuffer mit Joghurtsauce

Zubereitungszeit
ca. 50 Minuten

Zutaten für 4 Personen
Für die Joghurtsauce:
1 kleine Zwiebel
1 Knoblauchzehe
4 EL Crème double
300 g Naturjoghurt
Salz
weißer Pfeffer aus der Mühle
Für die Gemüsepuffer:
100 g mittelgrobes Grünkernvollkornschrot
3 Eier
3 EL Milch
2 Karotten
1 Stange Lauch
200 g Sellerie
6 EL Butterschmalz (z.B. Butaris)
3 EL Schnittlauchröllchen

So wird's gemacht

1. Für die Sauce Zwiebel und Knoblauch schälen. Die Zwiebel sehr fein hacken, die Knoblauchzehe durchpressen und beides mit Crème double und Joghurt verrühren. Salzen, pfeffern und kühl stellen.
2. Den Grünkern mit den Eiern und der Milch verrühren und 30 Minuten quellen lassen. Das Gemüse putzen, waschen und grob in die Grünkernmischung raffeln. Vorsichtig umrühren und mit Salz und Pfeffer würzen.
3. Das Butterschmalz in einer Pfanne erhitzen. Aus der Masse etwa 8 kleine Puffer formen und diese von beiden Seiten im Butterschmalz 2 bis 3 Minuten braten. Den Schnittlauch unter die Sauce ziehen und diese zusammen mit den Puffern servieren.

Tofuschnitte nach „Müllerin Art“

Zubereitungszeit
ca. 15 Minuten

Zeit zum Marinieren
ca. 15 Min.

Zutaten für 4 Personen

4 EL Sojasauce
2 EL Zitronensaft
Kräutersalz
schwarzer Pfeffer aus der Mühle
400 g Tofu
50–80 g feines Weizenvollkornmehl
2–3 EL kaltgepreßtes Olivenöl
2 unbehandelte Zitronen

So wird's gemacht

1. Aus der Sojasauce, dem Zitronensaft, etwas Kräutersalz und Pfeffer eine Marinade anrühren.
2. Den Tofu in etwa 2 cm dicke Scheiben schneiden und 15 Minuten in der Sauce marinieren, dann abtropfen lassen.
3. Das Weizenvollkornmehl in einen flachen Teller geben. Die Tofuscheiben darin wenden, bis sie jeweils rundherum von einer dünnen Schicht Mehl überzogen sind. Das Olivenöl in einer Pfanne erhitzen und die Tofuscheiben darin von beiden Seiten 2 bis 3 Minuten braten.
4. Die Zitronen in Scheiben schneiden. Die Tofuscheiben auf vier vorgewärmten Tellern anrichten und jeweils mit Zitronenscheiben garnieren.

Tip

Dazu servieren Sie am besten Gourmetkartoffeln. Dafür 12 mittelgroße gekochte Kartoffeln pellen, den Deckel abschneiden und vorsichtig aushöhlen. Die Kartoffelmasse mit einer Gabel zerdrücken, mit 2 Eßlöffeln weicher Butter, 120 g saurer Sahne, 2 Eßlöffeln geriebenem Appenzeller, Salz und 1 Teelöffel Majoranblättchen vermischen. Je 100 g feingehackten Sellerie und feingehackte Karotten und 150 g gewaschene Weizensprossen unter die Kartoffelmasse heben und diese in die Kartoffeln füllen. In eine ausgefettete Auflaufform setzen, mit Butterflöckchen belegen, 2 Eßlöffel Gemüsebrühe angießen und die Kartoffeln im Backofen bei 180° C backen.

Kräuterküchle mit Käse

Zubereitungszeit
ca. 50 Minuten

Zutaten für 4 Personen

800 g Kartoffeln
Meersalz
1 EL Kümmel
150 g feines Weizenvollkornmehl
100 g Quark
2 Eier
weißer Pfeffer aus der Mühle
frisch geriebene Muskatnuß
125 g geriebener Käse
3 EL gemischte gehackte Kräuter
Öl oder Kokosfett zum Ausbacken

So wird's gemacht

1. Die Kartoffeln gründlich abbürsten, mit wenig Wasser, Meersalz und dem Kümmel zugedeckt 25 bis 30 Minuten köcheln lassen.
2. Anschließend die Kartoffeln schälen und durch die Kartoffelpresse drücken.
3. Das Vollkornmehl, den Quark und die Eier zur Kartoffelmasse geben und alles gut mischen.
4. Mit Meersalz, Pfeffer und Muskatnuß kräftig würzen und zuletzt den Käse und die Kräuter untermischen.
5. Aus dem Teig mit den Händen kleine Küchlein formen und diese in heißem Öl oder Kokosfett auf beiden Seiten goldbraun braten.

Variation

Der Kartoffelteig kann als Grundlage auch für süß gefüllte Knödel verwendet werden. Schmecken Sie ihn dann jedoch nur mit 1 Prise Meersalz ab, und füllen Sie die Knödel mit Zwetschgen oder Aprikosen. Die Knödel in kochendes Salzwasser geben und ziehen lassen. Sie werden mit Zimtsauce serviert.

Ratatouille

Zubereitungszeit
ca. 45 Minuten

Zutaten für 4 Personen
2 mittelgroße Gemüsezwiebeln
3 geschälte Knoblauchzehen
Salz
1/2 rote Pfefferschote
2 mittelgroße Zucchini
1 Aubergine
2 mittelgroße rote Paprikaschoten
3 Fleischtomaten
4 EL Öl (z.B. Biskin-Öl)
Meersalz
schwarzer Pfeffer aus der Mühle
rosenscharfes Paprikapulver
3 EL gehackte Petersilie
1 EL gehacktes Basilikum
1 TL gehackter Majoran

So wird's gemacht

1. Die Gemüsezwiebeln schälen und würfeln. Die Knoblauchzehen zusammen mit etwas Salz im Mörser zerreiben. Die Pfefferschote in Stückchen schneiden.
2. Die Zucchini und die Aubergine waschen, putzen und grob würfeln. Die Paprikaschoten waschen, halbieren, von weißen Trennwänden und Kernen befreien und ebenfalls grob würfeln. Die Fleischtomaten überkreuz einritzen, mit kochend heißem Wasser überbrühen, vom Stielansatz befreien, enthäuten, entkernen und das Fruchtfleisch würfeln.
3. Das Öl in einem großen Topf erhitzen und die Zwiebeln und die Pfefferschote darin anschwitzen. Nach etwa 3 Minuten den Knoblauch hinzufügen, nach weiteren 3 Minuten dann Zucchini-, Auberginen- und Paprikawürfel dazugeben. Das Gemüse umrühren, bis es ganz vom Öl benetzt ist und etwa 5 Minuten andünsten.
4. Dann die Tomatenwürfel dazugeben, alles mit Meersalz, Pfeffer und Paprikapulver würzen und unter gelegentlichem Umrühren zugedeckt etwa 30 Minuten garen. Das Gemüse darf nicht zerfallen. Zum Schluß die Kräuter unterrühren, das Ratatouille nochmals abschmecken und sofort servieren.

(auf dem Foto oben)

Tip

Dazu passen frische Vollkornbrötchen.

Variationen

Statt des normalen Öls können Sie auch Olivenöl nehmen, Olivenöl intensiviert den Geschmack der Gemüsesorten. Je nach Geschmack können Sie zusätzlich schwarze Oliven hinzufügen. Die typischen Sommerkräuter wie zum Beispiel frischer Thymian und Rosmarin passen besonders gut zu Ratatouille.

Waldpilze in Kräuterrahm

Zubereitungszeit
ca. 25 Min.

Zutaten für 4 Personen
2 Zwiebeln
500 g frische Waldpilze (Maronen, Steinpilze oder Pfifferlinge)
2 EL Butter oder Margarine
4 EL Haferflocken
8 EL trockener Weißwein
400 ml Gemüsebrühe (aus Instantpulver)
6 EL Sahne
Meersalz
schwarzer Pfeffer aus der Mühle
1 Prise Muskatpulver
1 Prise Cayennepfeffer
8 EL feingehackte Kräuter (Sauerampfer, Melisse, Kresse, Minze)
etwas Kresse zum Garnieren

So wird's gemacht

1. Die Zwiebeln schälen und fein hacken. Die Waldpilze putzen, waschen, gut abtropfen lassen und je nach Bedarf kleinschneiden.
2. Die Butter oder die Margarine in einer Pfanne erhitzen. Die Zwiebeln darin kurz andünsten. Die Pilze dazugeben und kurz mitdünsten.
3. Die Haferflocken hinzufügen, Weißwein, Gemüsebrühe und Sahne dazugießen und die Pilze bei milder Hitze etwa 5 Minuten köcheln lassen.
4. Alles mit Salz, Pfeffer, Muskatpulver und Cayennepfeffer kräftig abschmecken, die Kräuter unterziehen und die Pilze auf Tellern anrichten. Jede Portion mit etwas Kresse garnieren.

(auf dem Foto unten)

Rote-Bete-Reis auf Lauchgemüse

Zubereitungszeit
ca. 20 Min.

Zeit zum Quellen
ca. 45 Min.

Zutaten für 4 Personen
Für den Reis:
100 g rote Bete
2 Zwiebeln
6 EL kaltgepreßtes Sonnenblumenöl
300 g Rundkorn-Vollreis
1 Lorbeerblatt
600 ml Gemüsebrühe (aus Instantpulver)
weißer Pfeffer aus der Mühle
Kräutersalz
frisch geriebene Muskatnuß
4 EL geschlagene Sahne
Für das Lauchgemüse:
2 mittelgroße Stangen Lauch
2 EL kaltgepreßtes Sonnenblumenöl
4 EL trockener Weißwein
4 EL Gemüsebrühe (aus Instantpulver)
1/2 TL Pfeilwurzmehl

So wird's gemacht
1. Die rote Bete unter fließendem Wasser abbürsten und fein raspeln. Die Zwiebeln schälen und ebenfalls fein raspeln.
2. Das Öl in einem Topf erhitzen und den Reis darin zusammen mit Zwiebeln, roter Bete und Lorbeerblatt unter Rühren anschwitzen. Mit Gemüsebrühe ablöschen und das Ganze einmal aufkochen lassen. Den Topf verschließen, die Herdplatte ausschalten und den Reis in etwa 45 Minuten ausquellen lassen.
3. Inzwischen für das Gemüse den Lauch putzen, waschen und schräg in 1 1/2 cm dicke Ringe schneiden. Das Öl in einem flachen Topf erhitzen und den Lauch darin kurz anschwitzen. Ihn sofort mit dem Weißwein und der Gemüsebrühe ablöschen und zugedeckt 3 bis 4 Minuten garen.
4. Den Reis mit Pfeffer, Kräutersalz und Muskatnuß abschmecken und kurz vor dem Anrichten die geschlagene Sahne unterziehen.
5. Den Lauch mit Kräutersalz und Pfeffer nicht zu stark würzen, wenn nötig, die Flüssigkeit etwas binden. Dazu das Pfeilwurzmehl mit wenig Wasser klümpchenfrei verrühren und die Lauchflüssigkeit damit einmal kurz aufkochen.
6. Den Lauch auf vier vorgewärmten Tellern anrichten und den Reis jeweils daraufsetzen.

(auf dem Foto: oben)

Feiner Risotto mit Rauke und Spargel

Zubereitungszeit
ca. 35 Min.

Zeit zum Kochen des Fonds
ca. 45 Min.

Zeit zum Quellen
ca. 45 Min.

Zutaten für 4 Personen
500 g weißer Spargel
2 Msp. Kleehonig
1/2 TL Butter
Vollmeersalz
1 Karotte
2 kleine Zwiebeln
6 EL kaltgepreßtes Sonnenblumenöl
300 g Rundkorn-Vollreis
1 Lorbeerblatt
8 EL trockener Weißwein
60 g Rauke (Rukola)
4 EL geschlagene Sahne
8 EL frisch geriebener Parmesan
weißer Pfeffer aus der Mühle
Kräutersalz

So wird's gemacht
1. Den Spargel waschen, schälen und die unteren Enden abschneiden. Aus den Schalen und den Enden zusammen mit 1 Liter Wasser, dem Honig, der Butter und etwas Salz einen Fond kochen. Das dauert etwa 45 Minuten und kann einige Stunden vorher oder am Vortag erledigt werden. Die Spargelstangen inzwischen in ein feuchtes Küchentuch wickeln und kühl aufbewahren.
2. Die Karotte und die Zwiebeln schälen und jeweils fein raspeln. Das Öl in einem Topf erhitzen und den Reis darin zusammen mit dem Lorbeerblatt, den Zwiebeln und der Karotte anschwitzen.
3. Den Reis mit etwa 300 ml Spargelfond ablöschen und aufkochen lassen. Den Topf verschließen, die Herdplatte ausschalten und den Reis in etwa 45 Minuten ausquellen lassen. Danach den Reis, falls nötig, wieder erhitzen und den Weißwein dazugeben. Dann unter ständigem Rühren den Weißwein einkochen lassen.
4. Die Spargelstangen schräg in 2 cm große Stücke schneiden und diese im verbliebenen Fond etwa 4 Minuten kochen. Die Stücke mit einem Schaumlöffel herausnehmen und unter den Reis mischen.
5. Die Rauke waschen, die Stiele entfernen und die Hälfte der Blätter in Streifen schneiden. Kurz vor dem Servieren die geschlagene Sahne, die Raukenstreifen und die Hälfte des Parmesans unter den Reis rühren.
6. Alles mit Pfeffer und Kräutersalz abschmecken und den Risotto auf vier vorgewärmten Tellern anrichten. Mit den restlichen Raukenblättern garnieren und mit Parmesan bestreuen.

(auf dem Foto: unten)

Früchtepilaw

Zubereitungszeit
ca. 35 Min.

Zutaten für 4 Personen

60 g getrocknete ungeschwefelte Aprikosen
Saft von 1 Orange
2 Frühlingszwiebeln
1 gelbe Paprikaschote
2 EL kaltgepreßtes Sonnenblumenöl
5 EL Butter
250 g Langkornreis
3 EL Würzmischung für Curry-Kräuter-Reis (z.B. von Ubena) oder
1/2 TL Kardamompulver
1 EL Garam masala (in Asienläden erhältlich)
1 TL Currypulver

Außerdem:
5 EL Rosinen
2 EL Pistazien

So wird's gemacht

1. Die Aprikosen im Orangensaft einweichen. Die Frühlingszwiebeln putzen, waschen und in feine Streifen schneiden. Die Paprikaschote waschen, halbieren, von weißen Trennwänden und Kernen befreien und ebenfalls in feine Streifen schneiden.
2. Das Öl zusammen mit der Butter in einem Topf erhitzen und das Gemüse darin andünsten. Dann den Reis hinzufügen und unter Rühren glasig werden lassen.
3. Die Aprikosen aus dem Orangensaft nehmen, abtropfen lassen, kleinschneiden und zusammen mit den Rosinen zum Reis geben.
4. Die fertige Würzmischung oder die einzelnen Gewürze darüberstreuen. Den Orangensaft dazugießen, 650 ml Wasser hinzufügen und den Reis zugedeckt bei schwacher Hitze in etwa 20 Minuten ausquellen lassen. Anschließend auf vier vorgewärmten Tellern verteilen und jeweils mit Pistazien bestreuen.

Tip

Fügen Sie etwa 5 Minuten vor Ende der Garzeit eine Prise gemahlenen Safran in den Reis, er erhält dann eine sattgelbe Farbe.

Pilzhirsotto

Zubereitungszeit
ca. 35 Min.

Zutaten für 4 Personen

500 g Champignons
2 Zwiebeln
2 EL Butter
200 g TK-Erbsen
2 EL Currypulver
240 g Hirse
2 Knoblauchzehen
4 TL Gemüsebrühe (aus Instantpulver)
8 EL Sahne
4 EL feingehackte Petersilie

So wird's gemacht

1. Die Champignons putzen, kurz waschen und in feine Scheiben schneiden. Die Zwiebeln schälen und fein würfeln.
2. Die Butter in einer Pfanne erhitzen und Champignons sowie Zwiebelwürfel darin kurz andünsten. Die Erbsen hinzufügen und das Ganze mit Currypulver bestäuben.
3. Die Hirse heiß abspülen und zu den Pilzen geben. Die Knoblauchzehen schälen, durch eine Presse dazudrücken und dann die Gemüsebrühe hinzufügen. Dann 1 Liter Wasser angießen und die Hirse zugedeckt 20 bis 25 Minuten köcheln lassen.
4. Das Hirsotto mit der Sahne verfeinern und vor dem Servieren mit Petersilie bestreuen.

Tip

Dazu paßt ein Gurkensalat.

Gekochte Weizenklöße

Zubereitungszeit
ca. 1 Std. 30 Min.

Zeit zum Quellen
über Nacht

Zutaten für 4 Personen
200 g Weizenkörner
1/2 Liter Gemüsebrühe
(aus Instantpulver)
1/2 TL getrocknetes Basilikum
1/2 TL getrockneter Thymian
1/2 TL Korianderkörner
2 EL fein gesiebtes
Weizenvollkornschrot
4 EL Haferflocken
125 g Quark
2 Eier
Kräutersalz
schwarzer Pfeffer aus der Mühle

So wird's gemacht

1. Die Weizenkörner zusammen mit der Gemüsebrühe in einen Topf geben und über Nacht darin quellen lassen.
2. Am nächsten Tag das Basilikum, den Thymian und den Koriander hinzufügen und das Ganze zum Kochen bringen. Dann die Hitze reduzieren und die Weizenkörner bei geringer Hitze etwa 45 Minuten köcheln lassen.
3. Die Herdplatte ausschalten und den Weizen zugedeckt nochmals 15 Minuten ausquellen lassen. Eventuell überschüssiges Wasser abgießen und die Masse abkühlen lassen.
4. Den Weizen in eine Schüssel geben und darin mit Weizenvollkornschrot, Haferflocken, Quark und Eiern verrühren. Den Teig mit Kräutersalz und Pfeffer abschmecken.
5. Reichlich Salzwasser zum Kochen bringen. Aus dem Teig mit nassen Händen Klöße formen und diese im leicht siedenden Salzwasser etwa 15 Minuten ziehen lassen. Mit einem Schaumlöffel herausnehmen und servieren.

(auf dem Foto: links)

Tip

Weizenklöße passen gut zu gedünstetem Gemüse und zu Pilzsaucen.

Gebackene Tomaten mit Schafskäse

Zubereitungszeit
ca. 30 Min.

Zutaten für 4 Personen
2 EL kaltgepreßtes Sonnenblumenöl
für die Form
1 kg vollreife Tomaten
400 g Schafskäse, 2 Zwiebeln
2 Knoblauchzehen, Kräutersalz
schwarzer Pfeffer aus der Mühle
3 EL kaltgepreßtes Olivenöl
2 Zweige Thymian
2 Zweige Basilikum

So wird's gemacht

1. Eine Auflaufform oder eine Eisenpfanne mit Sonnenblumenöl ausstreichen. Die Tomaten waschen, vom Stielansatz befreien und in Scheiben schneiden. Einen Teil vom Schafskäse ebenfalls in Scheiben schneiden, den Rest mit einer Gabel grob zerteilen.
2. Die Tomaten- und Schafskäsescheiben dachziegelartig in die Auflaufform oder in die Pfanne schichten. Die Schafskäsewürfel darüberstreuen. Die Zwiebeln schälen, fein würfeln und darüberstreuen. Den Knoblauch schälen und durch eine Presse darüberdrücken.
3. Die Tomaten mit Kräutersalz und Pfeffer bestreuen und mit dem Olivenöl beträufeln. In den kalten Backofen geben und bei 200 °C etwa 15 Minuten backen.
4. Inzwischen den Thymian und das Basilikum waschen, trockentupfen und jeweils die Blätter von den Stielen zupfen. Die gebackenen Tomaten mit den Kräutern bestreuen und nochmals 5 Minuten backen.

(auf dem Foto: rechts)

Variationen

Sehr fein schmecken auch gebackene grüne Bohnen. Ersetzen Sie einfach die Tomaten durch die gleiche Menge geputzte, halbierte und kurz in kochendem Salzwasser blanchierte grüne Bohnen. Verwenden Sie dann aber anstatt Thymian und Basilikum 1 Bund frisches Bohnenkraut und fügen Sie 100 Milliliter des Blanchierwassers hinzu, sonst werden die Bohnen beim Backen zu trocken. Ebenfalls sehr delikat schmecken die grünen Bohnen, wenn Sie sie in 2 Eßlöffeln kaltgepreßtem Sonnenblumenöl in etwa 20 Minuten bißfest dünsten. Dann den Schafskäse in Scheiben hinzufügen und zugedeckt schmelzen lassen. Bei dieser Zubereitungsart müssen die Bohnen nicht vorher blanchiert werden.

Asiatische Gemüse-gerichte

In fernöstlichen Ländern haben Gemüsegerichte eine jahrhundertealte Tradition. Frische Gemüse, die nur bißfest pfannengerührt oder gedämpft wurden, sind in Asien Hauptbestandteil vieler Speisen. Nicht ohne Grund wird die asiatische Küche als sehr gesund bezeichnet, da Naturbelassenheit der Zutaten bei der Zubereitung der Gerichte groß geschrieben wird. Den besonderen Pfiff bilden viele exotische Gewürze, die die jeweilige Speise nicht nur hervorragend geschmacklich abrunden, sondern auch eine positive Wirkung auf die Gesundheit haben.

Gebratene Eier mit Gemüse
Rezept Seite 189

Zuckerschoten mit zweierlei Pilzen

Zubereitungszeit
ca. 30 Min.

Zutaten für 4 Personen
6–8 eingeweichte Tongue- und Wolkenohrpilze
4 Frühlingszwiebeln
500 g Zuckerschoten
2 Knoblauchzehen
3 EL Sesamöl
150 ml Gemüsefond (aus dem Glas)
je 2 EL Sojasauce, Obstessig und Honig, etwas Salz
schwarzer Pfeffer aus der Mühle
1 Prise Cayennepfeffer
2 EL gehacktes Koriandergrün

So wird's gemacht

1. Die Pilze von den harten Stielen befreien und in Streifen schneiden. Die Frühlingszwiebeln putzen, waschen und in Stücke schneiden. Die Zuckerschoten eventuell quer halbieren. Die Knoblauchzehe schälen und fein hacken.
2. Das Öl in einem Wok oder einer Pfanne erhitzen. Die Pilze, die Zuckerschoten, die Frühlingszwiebeln und den Knoblauch dazugeben und unter Rühren braten.
3. Den Gemüsefond mit Sojasauce, Obstessig und Honig verrühren, die Mischung zum Gemüse geben und das Ganze kurz aufkochen lassen.
4. Das Gemüse mit Salz, Pfeffer und Cayennepfeffer abschmecken und vor dem Servieren mit Koriandergrün bestreuen.

(auf dem Foto: oben)

Sojabohnengemüse

Zubereitungszeit
ca. 20 Min.

Zutaten für 4 Personen
1 Bund Frühlingszwiebeln
2 Knoblauchzehen
etwas Salz
1 eingelegte Ingwernuß
5 EL Sesamöl
500 g Sojabohnenkeimlinge
6 EL Gemüsefond (aus dem Glas)
2–3 EL Sojasauce
2 EL Hoisinsauce (in Asienläden erhältlich)
weißer Pfeffer aus der Mühle
2 Prisen Cayennepfeffer
2 Prisen Zucker
4 EL Schnittlauchröllchen

So wird's gemacht

1. Die Frühlingszwiebeln putzen, waschen und in Stücke schneiden. Die Knoblauchzehen schälen und zusammen mit etwas Salz im Mörser zerreiben. Die Ingwernuß in feine Würfel schneiden.
2. Das Sesamöl in einem Wok oder in einer Pfanne erhitzen. Die Zwiebeln, den Knoblauch und die Ingwernuß darin unter Rühren anbraten. Die Sojabohnenkeimlinge kalt abbrausen und dazugeben.
3. Den Gemüsefond mit der Soja- und Hoisinsauce verrühren, das Gemüse mit der Mischung ablöschen und das Ganze kurz aufkochen lassen.
4. Das Gemüse mit Pfeffer, Cayennepfeffer und Zucker abschmecken und vor dem Servieren mit Schnittlauchröllchen bestreuen.

(auf dem Foto: Mitte)

Pfannengerührter Rotkohl

Zubereitungszeit
ca. 30 Min.

Zutaten für 4 Personen
1 rote Paprikaschote
800 g geraspelte Weißkohlblätter
Salz
1 rote Pfefferschote
2 Zwiebeln
2 Knoblauchzehen
3 EL Butterschmalz
2 TL frisch geriebene Ingwerwurzel
2 EL Tomatenmark
2 EL Obstessig
4 EL Sojasauce
1 TL brauner Zucker
schwarzer Pfeffer aus der Mühle
1/4 Liter Gemüsefond (aus dem Glas)
4 EL Schnittlauchröllchen

So wird's gemacht

1. Die Paprikaschote waschen, halbieren, von weißen Trennwänden und Kernen befreien und in Streifen schneiden. Die Paprikastreifen und die Kohlblätter getrennt in kochendem Salzwasser blanchieren. Die Pfefferschote entkernen und fein hacken. Die Zwiebeln und den Knoblauch schälen und jeweils fein hacken.
2. Das Butterschmalz erhitzen und Zwiebel, Knoblauch, Pfefferschote, Paprika und Weißkohl darin unter Rühren braten.
3. Die Würzzutaten und den Gemüsefond dazugeben, alles einmal aufkochen lassen, nochmals abschmecken und vor dem Servieren mit Schnittlauchröllchen bestreuen.

(auf dem Foto: unten)

Gebratener schwarzer Reis

Zubereitungszeit
ca. 20 Min.

Zutaten für 4 Personen
100 g schwarzer Reis
Vollmeersalz
6 Eier, 1 TL Sojasauce
1 TL Miso (Sojabohnenpaste)
weißer und rosa Pfeffer aus der Mühle
je 1 grüne Paprikaschote,
rote Pfefferschote und
Frühlingszwiebel
1 Zweig Basilikum
6 EL Sesamöl

So wird's gemacht
1. Den Reis in Salzwasser gemäß Packungsanweisung bißfest garen, mit kaltem Wasser abspülen und gut abtropfen lassen. Die Eier mit Sojasauce, Miso, Salz sowie mit weißem und rosa Pfeffer gut verquirlen.
2. Die Paprikaschote und die Pfefferschote waschen, halbieren, entkernen und in feine Würfel schneiden. Die Frühlingszwiebel putzen, waschen und in feine Ringe schneiden. Das Basilikum waschen, die Blätter von den Stielen zupfen und einige zum Garnieren beiseite legen. Die restlichen in Streifen schneiden.
3. Nun 1 Eßlöffel Öl im Wok erhitzen, ihn damit ausschwenken und das Öl wieder abgießen. Diesen Vorgang einmal wiederholen. Nochmals etwas Öl im Wok erhitzen und die Paprika- und Pfefferschotenwürfel sowie die Frühlingszwiebel darin anbraten.
4. Den Reis hinzufügen, etwa 1/2 Minute braten, dann die verquirlten Eier und dic Basilikumstreifen dazugeben und alles unter ständigem Rühren etwa 1/2 Minute braten. Das Gericht vor dem Servieren mit Basilikum garnieren.

(auf dem Foto: rechts)

Rote Linsen mit Kaisoalgen

Zubereitungszeit
ca. 25 Min.

Zutaten für 4 Personen

200 g rote Linsen
2 Schalotten
1 Karotte, 1 Stange Lauch
80 g Bleichsellerie
20 g getrocknete Kaisoalgen (in Asienläden erhältlich)
1 Fleischtomate
1 Zweig Koriander
einige Borretschblüten
2 EL Öl
2 EL Butterschmalz
3/4 Liter Gemüsebrühe
Salz, weißer Pfeffer aus der Mühle
1 EL Sojasauce
1 Msp. Cayennepfeffer

So wird's gemacht

1. Die Linsen waschen und abtropfen lassen. Die Schalotten und die Karotte schälen und jeweils in feine Würfel schneiden. Den Lauch und den Sellerie putzen, waschen und kleinschneiden. Die Algen in kaltem Wasser 10 Minuten quellen lassen, dann abgießen und abtropfen lassen.
2. Die Tomate überkreuz einritzen, heiß überbrühen, vom Stielansatz befreien, enthäuten, entkernen und würfeln. Den Koriander waschen und die Blätter von den Stielen zupfen. Die Borretschblüten waschen.
3. Den Wok mit dem Öl ausschwenken, dann Butterschmalz erhitzen und Schalotten, Sellerie, Karotte und Lauch darin braten. Die Linsen hinzufügen, die Brühe angießen und alles 8 bis 10 Minuten leicht köcheln lassen. Nun Algen, Tomaten und Koriander dazugeben. Alles mit Salz, Pfeffer, Sojasauce und Cayennepfeffer abschmecken und mit Borretschblüten garnieren.

(auf dem Foto: links)

Frühlingsröllchen mit Currylinsen

Zubereitungszeit
ca. 45 Min.

Zutaten für 4 Personen
16 Wan-Tan-Teigplatten (tiefgefroren in Asienläden erhältlich)
150 ml Gemüsebrühe (aus Instantpulver)
75 g rote Linsen
2 EL Currypulver
2 Frühlingszwiebeln
Salz
1/2 TL gemahlener Kreuzkümmel
1 frisches Eiweiß
1/2 Liter Erdnußöl oder Fritierfett zum Ausbacken
8 EL Sojasauce

So wird's gemacht

1. Die Wan-Tan-Teigplatten mit einem feuchten Tuch bedeckt auftauen lassen. Für die Füllung die Gemüsebrühe zum Kochen bringen. Die Linsen und das Currypulver hineinstreuen und die Linsen zugedeckt bei milder Hitze etwa 10 Minuten köcheln lassen.
2. Inzwischen die Frühlingszwiebeln putzen, waschen und in ganz feine Ringe schneiden. Die Frühlingszwiebeln unter die Linsen mischen, die Füllung mit Salz und Kreuzkümmel würzen und leicht abkühlen lassen.
3. Die Teigplatten auf einem feuchten Tuch ausbreiten und die Ränder jeweils dünn mit Eiweiß bestreichen. Die Füllung mit einem Teelöffel auf die Teigblätter verteilen.
4. Die Teigplatten aufrollen, dabei die Seitenränder nach innen einschlagen. Die Nahtstellen festdrücken.
5. Das Fett im Wok oder in einer Pfanne auf 180° C erhitzen und die Röllchen darin portionsweise etwa 4 Minuten ausbacken, währenddessen einmal wenden. Auf Küchenkrepp abtropfen lassen. Auf vier vorgewärmte Teller jeweils 2 Eßlöffel Sojasauce geben und je vier Röllchen darauf plazieren.

(auf dem Foto oben)

Tip

Reichen Sie zu den Frühlingsröllchen eine Pfefferminz-Joghurt-Sauce. Für die Sauce 2 Eßlöffel feingehackte Pfefferminzblätter mit 150 g Vollmilchjoghurt oder griechischem Joghurt verrühren. Die Sauce mit 1 kleinen durchgepreßten Knoblauchzehe, 1/2 Teelöffel fein geriebenem Ingwer, Pfeffer, Salz und 1 Prise Cayennepfeffer würzen.

Variation

Wan-Tan-Teigplatten können Sie beliebig füllen. Probieren Sie einmal eine Füllung aus Paprika, Wirsing, Sellerie und Sojabohnenkeimlingen. Hierfür 1 gewürfelte Zwiebel, 3 durchgepreßte Knoblauchzehen, 1 gewürfelte rote Paprikaschote, 100 g feingeschnittener Wirsing und 1 Handvoll feingeschnittenes Selleriegrün in 3 Eßlöffeln Öl anbraten. Das Gemüse unter Rühren in 5 bis 6 Minuten bißfest garen. Dann 100 g Sojabohnenkeimlinge hinzufügen, alles nochmals etwa 1 Minute dünsten. Die Füllung mit Sojasauce, Salz, Pfeffer und Cayennepfeffer würzen und damit die Teigplatten füllen.

Indische Gemüsebällchen

Zubereitungszeit
ca. 30 Min.

Zutaten für 4 Personen
80 g Kichererbsenmehl
1/4 TL Kurkumapulver
1/4 TL Cayennepfeffer
1/2 TL Currypulver
1/2 TL gemahlener Kreuzkümmel
1 TL Salz
1 Karotte
1 Kartoffel
1 Zwiebel
2 EL gehackte Petersilie
1/2 Liter Erdnußöl oder Fritierfett zum Ausbacken

So wird's gemacht

1. Das Kichererbsenmehl mit Kurkuma, Cayennepfeffer, Curry, Kreuzkümmel, Salz und 60 Milliliter Wasser glattrühren.
2. Die Karotte, die Kartoffel und die Zwiebel schälen und jeweils ganz fein würfeln. Die Gemüsewürfel zusammen mit der Petersilie unter den Teig rühren.
3. Das Fett in einem Wok oder in einer Pfanne erhitzen. Von dem Teig mit einem feuchten Teelöffel kleine Bällchen ausstechen und diese mit einem zweiten Teelöffel jeweils in das Fett streichen. Nicht zu viele Bällchen auf einmal in das Fett geben.
4. Die Bällchen in etwa 3 Minuten goldbraun backen, dann mit einem Schaumlöffel herausnehmen und auf Küchenkrepp abtropfen lassen. Nach und nach den ganzen Teig verarbeiten.

(auf dem Foto unten)

Frühlingszwiebeln mit Sojareis

Zubereitungszeit
ca. 35 Min.

Zutaten für 4 Personen

500 g Langkornreis
6 Frühlingszwiebeln
2 EL Sojaöl
1 EL Sojasauce
1 EL Pilzsojasauce

So wird's gemacht

1. In einen passenden Topf 850 ml kaltes Wasser geben. Den Reis hineingeben, das Ganze aufkochen lassen, kurz umrühren, die Hitze reduzieren und den Reis zugedeckt bei milder Hitze in 20 Minuten garen.
2. Inzwischen die Frühlingszwiebeln putzen, waschen und schräg in feine Streifen schneiden.
3. Das Öl in einem Wok oder in einer Pfanne sehr heiß werden lassen. Den Reis dazugeben und unter Rühren so lange braten, bis die Körner nicht mehr zusammenkleben.
4. Beide Saucen hinzufügen und den Wok oder die Pfanne schütteln, so daß sich die Zutaten gut vermischen.
5. Die Frühlingszwiebeln dazugeben und gut daruntermischen. Alles nochmals erwärmen und dann sofort servieren.

Variation

Das soeben beschriebene Rezept stammt aus China. In Indonesien ißt man gerne etwas pikanter und würzt den gebratenen Reis schärfer: 3 feingewürfelte Zwiebeln in 3 Eßlöffeln Erdnußöl goldbraun anbraten, 3 durchgepreßte Knoblauchzehen hinzufügen und kurz mitbraten. Den Reis dazugeben und unter Rühren 10 Minuten braten. Das Ganze mit 1 bis 2 Eßlöffeln Sambal Oelek und 3 bis 4 Eßlöffeln süßer Sojasauce würzen. Sambal Oelek ist eine scharfe Paste aus roten Pfefferschoten, Salz und Öl. Sie ist ein guter Ersatz für frische rote Pfefferschoten und in Asienläden erhältlich.

Chinesische Gemüsepfanne

Zubereitungszeit
ca. 35 Min.

Zutaten für 4 Personen

2 Karotten
2 grüne Paprikaschoten
1 Fenchelknolle
2 EL Öl
4 EL Sojasauce
1 EL Reisessig
3 EL Reiswein
2 EL Tomatenketchup
schwarzer Pfeffer aus der Mühle
100 ml Gemüsebrühe
(aus Instantpulver)
1 TL Speisestärke

So wird's gemacht

1. Die Karotten schälen und in schmale Stifte schneiden. Die Paprikaschoten waschen, halbieren, von weißen Trennwänden und Kernen befreien und in schmale Streifen schneiden. Die Fenchelknolle putzen, waschen und ebenfalls in schmale Streifen schneiden.
2. Das Öl in einem Wok oder in einer Pfanne erhitzen. Das Gemüse portionsweise hineingeben und unter Rühren anbraten und wieder herausnehmen.
3. Die Sojasauce mit Reisessig, -wein, Tomatenketchup, Pfeffer, Gemüsebrühe und Speisestärke verrühren. Das Gemüse wieder in den Wok oder in die Pfanne geben und nochmals erhitzen. Die Sauce nochmals verrühren, darübergießen und alles kurz aufkochen lassen. Das Gemüse sollte noch bißfest sein.

Variation

Bei der Wahl der Gemüsesorten müssen Sie sich nicht an die im Rezept angegebenen halten. Genausogut ist zum Beispiel eine Kombination aus Zuckerschoten, Chinakohl, Lauch und Bambussprossen. Auch chinesische Pilze oder Champignons passen in eine Gemüsepfanne. Sollten Sie die asiatischen Würzzutaten einmal nicht im Haus haben, können Sie auch auf fertige Würzmischungen, zum Beispiel auf „Maggi Fix für China-Pfanne" zurückgreifen. Die Würzmischung wird einfach in die auf der Packung angegebene Menge heißes Wasser eingerührt und muß dann etwa 10 Minuten kochen.

Desserts und Süß-speisen

Sie gehören nach wie vor zu den großen Verführern: Luftige Cremes, schaumige Saucen, zarte Sorbets und warme Süßspeisen sind vielen eine „Kaloriensünde" wert. In einer gesunden Küche sind viele Desserts „schlanker" geworden, aber deshalb nicht weniger köstlich. Wenn Sie frische Früchte als Hauptbestandteil Ihrer Nachspeisen nehmen, kommen Sie zusätzlich in den Genuß von lebenswichtigen Vitaminen.

Joghurtnockerl mit Fruchtsauce
(auf dem Foto: oben)
Avocadocreme
Rezepte Seite 190
(auf dem Foto: unten)

Birnen-Joghurt-Creme

Zubereitungszeit
ca. 20 Min.

Zeit zum Kühlen
ca. 1 Std.

Zutaten für 4 Personen
4 saftige reife Birnen
Saft von 1 Zitrone
6 Blätter Gelatine
6 EL Puderzucker
200 g Joghurt
6 EL geschlagene Sahne
5 EL gehackte Walnußkerne

So wird's gemacht
1. Die Birnen schälen, halbieren und vom Kerngehäuse befreien. Zwei Birnen fächerartig einschneiden, mit etwas Zitronensaft beträufeln und kühl stellen.
2. Die Gelatine in kaltem Wasser einweichen. Die übrigen Birnen zusammen mit dem Puderzucker und dem restlichen Zitronensaft pürieren und die Masse durch ein Sieb streichen.
3. Die Masse in einem Topf kurz erhitzen und die ausgedrückte Gelatine darunterrühren. Dann leicht abkühlen lassen. Joghurt, Sahne und Birnenmasse gut verrühren, in vier Förmchen füllen und 1 Stunde kühl stellen.
4. Die Birnen-Joghurt-Creme aus den Förmchen auf Teller stürzen und zusammen mit Birnenscheiben und Walnüssen anrichten.

(auf dem Foto: oben)

Mango mit Erdbeersauce

Zubereitungszeit
ca. 15 Min.

Zutaten für 4 Personen
2 große reife Mangos (ca. 600 g)
Saft von 1 Zitrone, 400 g Erdbeeren
4 EL Puderzucker
2 cl Pfefferminzlikör, 4 EL Kefir

So wird's gemacht
1. Die Mangos schälen, das Fruchtfleisch jeweils zuerst vom Kern lösen und dann in Scheiben schneiden.
2. Die Mangoscheiben fächerartig auf vier Tellern anrichten und mit etwas Zitronensaft beträufeln.
3. Die Erdbeeren waschen, putzen und vierteln. Sie in einem Mixer zusammen mit dem restlichen Zitronensaft und dem Puderzucker pürieren und die Sauce durch ein Sieb streichen.
4. Die Sauce mit Pfefferminzlikör und dem Kefir oder dem Sahnequark verrühren. Die Erdbeersauce über die Mangoscheiben gießen.

(auf dem Foto: Mitte links)

Zitrusgelee mit Joghurtcreme

Zubereitungszeit
ca. 1 Std. 25 Min.

Zutaten für 4 Personen
8 Blatt Gelatine
1/4 Liter frisch gepreßter Orangensaft
4 cl Orangenlikör, 150 g Zucker
160 ml frisch gepreßter Zitronensaft
300 g rote Johannisbeeren
80 g Puderzucker, 4 EL Joghurt
Pfefferminze zum Garnieren

So wird's gemacht
1. Die Gelatine in kaltem Wasser einweichen. Drei Viertel des Orangensaftes zusammen mit dem Orangenlikör und dem Zucker unter Rühren erwärmen. Die Gelatine ausdrücken, hinzufügen und unterrühren.
2. Den restlichen Orangensaft und den Zitronensaft hinzufügen. Die Flüssigkeit in vier kalt ausgespülte Tassen gießen und für etwa 1 Stunde kühl stellen.
3, Die Johannisbeeren waschen und die Beeren von den Stielen zupfen. Den Puderzucker mit den Johannisbeeren vermischen. Den Joghurt darunterrühren.
4. Den Johannisbeerjoghurt auf vier Desserttellern verteilen. Das Gelee aus den Förmchen stürzen und darauf setzen. Jeden Teller mit Pfefferminze garnieren.

(auf dem Foto: Mitte rechts)

Früchte mit Joghurtsauce

Zubereitungszeit
ca. 15 Min.

Zutaten für 4 Personen
2 große reife Mangos
Saft von 1 Zitrone, 4 cl Orangenlikör
300 g Joghurt
4 EL geschlagene Sahne

So wird's gemacht
1. Die Mangos schälen, das Fruchtfleisch jeweils zuerst vom Kern lösen und dann in kleine Stücke schneiden.
2. Das Fruchtfleisch mit Zitronensaft und Orangenlikör beträufeln und in vier Schüsselchen anrichten.
3. Den Joghurt mit der Sahne verrühren und jeweils über die Früchte geben.

(auf dem Foto: unten)

Reisrand mit Erdbeeren

Zubereitungszeit
ca. 45 Min.

Zeit zum Kühlen
ca. 2 Std.

Zutaten für 4 Personen

Für den Reisrand:

- *1/2 Liter Milch*
- *1 Prise Salz*
- *75 g Zucker*
- *1 Päckchen Vanillinzucker*
- *5 EL Margarine (z.B. Sanella)*
- *125 g Milchreis*
- *3 frische Eier*
- *6 Blatt Gelatine*
- *6 EL Rum*

Außerdem:

- *500 g Erdbeeren*
- *5 EL Zucker*
- *125 g Sahne*
- *Schokoladenblätter zum Garnieren*

So wird's gemacht

1. Die Milch zusammen mit Salz, Zucker, Vanillinzucker, Margarine und Reis unter ständigem Rühren zum Kochen bringen. Dann die Hitze reduzieren, den Topf verschließen und den Reis bei schwacher Hitze etwa 30 Minuten ausquellen lassen.
2. Die Eier trennen. Die Eigelbe unter den gegarten Milchreis ziehen. Die Gelatine in kaltem Wasser einweichen, zusammen mit dem Einweichwasser erhitzen, auflösen und unter den heißen Reis ziehen. Den Rum daruntermischen und die Masse kühl stellen.
3. Die Eiweiße zu steifem Schnee schlagen und unter die halbfeste Masse ziehen. Den Reis in eine kalt ausgespülte Ringform füllen und für etwa 2 Stunden kühl stellen.
4. Die Erdbeeren waschen, putzen und mit Zucker bestreuen. Die Sahne steif schlagen und in einen Spritzbeutel füllen. Den Reisrand auf eine Platte stürzen, die Erdbeeren in die Mitte füllen und das Ganze mit Sahnetupfern und Schokoladenblättern garnieren.

Marzipancreme auf Beerencocktail

Zubereitungszeit
ca. 25 Min.

Zeit zum Kühlen
ca. 1 Std.

Zutaten für 4 Personen
4 Blatt Gelatine
200 g Marzipanrohmasse
3 frische Eier
5 EL Zucker
4 cl Mandellikör
(z.B. Romanza Amaretto)
200 ml Bananensaft
100 g Sahne
300 g TK-Beerencocktail
1 Päckchen Vanillinzucker
Pfefferminze zum Garnieren

So wird's gemacht

1. Die Gelatine in kaltem Wasser einweichen. Das Marzipan kleinschneiden. Die Eier trennen, Eigelbe und Zucker schaumig schlagen. Marzipan und 2 cl Mandellikör hinzufügen und das Ganze zu einer cremigen Masse verrühren.
2. Die Gelatine ausdrücken, erhitzen, auflösen und mit dem Bananensaft verrühren. Beides mit der Marzipanmasse verrühren. Kühl stellen, bis die Masse anfängt zu gelieren. Inzwischen Sahne und Eiweiß getrennt steif schlagen. Beides nacheinander unter die Marzipanmasse heben. Etwa 1 Stunde kühl stellen.
3. Den Beerencocktail in einer Schüssel auftauen lassen. Dann Vanillinzucker und restlichen Mandellikör daruntermischen. Die Beeren zusammen mit der Marzipancreme servieren. Die Desserts mit Pfefferminze garnieren.

Melonen mit Sherrysahne

Zubereitungszeit
ca. 15 Min.

Zutaten für 4 Personen
1 Honigmelone (ca. 900 g)
1 Netzmelone (ca. 800 g)
1/2 Wassermelone (ca. 700 g)
3 EL Honig
5 EL Sahne-Sherry (z.B. Cream Sherry)
100 g Sahne
1 TL Zucker
Melisseblättchen zum Garnieren

So wird's gemacht

1. Die Honig- und die Netzmelone halbieren und entkernen. Die Wassermelone ebenfalls entkernen.
2. Aus der einen Hälfte der Honigmelone Spalten schneiden, aus der anderen Hälfte und der Netzmelone mit einem Kugelausstecher Kugeln ausstechen. Aus der Wassermelone ebenfalls Kugeln ausstechen.
3. Den Honig mit 3 Eßlöffeln Sahne-Sherry verrühren. Die Melonenkugeln in die Marinade geben. Die Sahne zusammen mit dem restlichen Cream Sherry und dem Zucker steif schlagen.
4. Die Melonenkugeln auf den Melonenspalten anrichten und jede Portion mit Sherrysahne versehen und mit Melisse garnieren.

(auf dem Foto oben)

Tip

Besonders köstlich schmeckt dieses Dessert, wenn Sie die Melonen vorher gut gekühlt haben.

Himbeermousse

Zubereitungszeit
ca. 20 Min.

Zeit zum Kühlen
ca. 1 Std.

Zutaten für 4 Personen
Für die Mousse:
1 Päckchen Götterspeise
Himbeergeschmack zum Kochen
6 EL Zucker
2 Päckchen Vanillinzucker
500 g Mascarpone
(z.B. Fino Mascarpone)
150 g Joghurt
2 EL Zitronensaft
150 g aufgetaute TK-Himbeeren
Für die Sauce:
150 g TK-Himbeeren
3 EL Himbeergeist
2 Kiwis zum Garnieren
Puderzucker zum Bestäuben

So wird's gemacht

1. Für die Mousse das Götterspeisenpulver mit Zucker und Vanillinzucker vermischen und mit 125 Milliliter Wasser glattrühren. Die Masse 10 Minuten quellen lassen und dann in einem Topf vorsichtig erhitzen, bis sich alles aufgelöst hat.
2. Die Mascarpone mit dem Joghurt und dem Zitronensaft verrühren. Die Himbeeren und die Götterspeise darunterrühren und das Ganze etwa 1 Stunde kühl stellen.
3. Für die Sauce die Himbeeren zusammen mit 5 Eßlöffeln Wasser und dem Puderzucker aufkochen. Etwas einkochen lassen. Dann den Himbeergeist unterrühren.
4. Die Kiwis schälen und in Scheiben schneiden. Die Mousse zusammen mit Kiwischeiben und Himbeersauce dekorativ auf vier Tellern anrichten. Jede Portion mit Puderzucker bestäuben.

(auf dem Foto unten)

Variationen

Auf die gleiche Art und Weise können Sie auch ein Heidel- oder Johannisbeermousse zubereiten. Ersetzen Sie aber dann das Götterspeisenpulver durch 6 Blatt Gelatine, die leicht säuerlich schmeckenden Johannisbeeren vertragen auch etwas mehr Zuckerzugabe. Lecker schmeckt auch eine Erdbeermousse, die ohne Mascarpone, dafür aber mit Sahne zubereitet wird: 120 g geviertelte Erdbeeren pürieren und zusammen mit 2 cl Orangensaft und 6 Eßlöffeln Zucker aufkochen.
4 Blatt Gelatine in kaltem Wasser einweichen und anschließend in der heißen Erdbeermasse auflösen.
Das Ganze abkühlen lassen und dann 175 g Joghurt, 1 Eßlöffel Rum und 125 g geschlagene Sahne unterziehen. Die Erdbeermousse in kalt ausgespülte Förmchen füllen und für etwa 2 Stunden kühl stellen.

Beerencocktail mit Himbeersauce

Zubereitungszeit
ca. 20 Min.

Zutaten für 4 Personen
Für die Sauce:
500 g frische Himbeeren
4 EL Frutilose (Obstdicksaft)
4 EL Himbeergeist
Für den Cocktail:
250 g Brombeeren
250 g rote Johannisbeeren
250 g Erdbeeren
2 EL Zitronensaft
4 EL Frutilose (Obstdicksaft)
500 g Quark (20 % Fett)
8 EL Mineralwasser

So wird's gemacht
1. Für die Sauce die Himbeeren verlesen, waschen, pürieren und durch ein Sieb streichen. Das Himbeermus mit der Frutilose und dem Himbeergeist verrühren.
2. Für den Cocktail die Beeren verlesen und waschen. Die Erdbeeren putzen und je nach Größe halbieren. Die Beeren in einer Schüssel mit Zitronensaft und Frutilose vorsichtig mischen.
3. Den Quark mit dem Mineralwasser cremig rühren und in vier Dessertglaser füllen. Die Früchte auf den Quark geben und jeweils mit der Himbeersauce begießen.

(auf dem Foto: oben)

Brombeercreme

Zubereitungszeit
ca. 10 Min.

Zeit zum Quellen
ca. 30 Min.

Zeit zum Gelieren
ca. 30 Min.

Zutaten für 4 Personen
500 g Brombeeren
8 EL Frutilose
2 EL Obstschnaps
8 Blatt Gelatine
350 g Sahnedickmilch
4 TL Mandelblättchen zum Garnieren

So wird's gemacht
1. Die Brombeeren verlesen, waschen und mit einer Gabel zerdrücken. Die Beeren in einer Schüssel mit der Frutilose vermischen und etwa 30 Minuten Saft ziehen lassen.
2. Anschließend die Früchte zusammen mit dem Schnaps mit dem Schneidstab pürieren.
3. Die Gelatine etwa 5 Minuten in kaltem Wasser quellen lassen, dann ausdrücken und bei geringer Hitze in einem Topf schmelzen lassen. Die Gelatine nach und nach in das Brombeermus einrühren.
4. Die Sahnedickmilch mit dem Schneebesen cremig rühren und anschließend unter die Brombeeren ziehen.
5. Die Creme in vier Dessertschälchen füllen, jeweils mit Mandelblättchen bestreuen und etwa für 30 Minuten kühl stellen.

(auf dem Foto: Mitte)

Orangensalat mit Rumsahne

Zubereitungszeit
ca. 20 Min.

Zutaten für 4 Personen
24 Mandeln
6 mittelgroße Orangen
200 g Sahne
2 TL Puderzucker
4 EL Rum

So wird's gemacht
1. Die Mandeln mit kochendem Wasser übergießen, 5 Minuten stehen lassen und dann jeweils die Haut abziehen. Danach die Mandeln grob hacken.
2. Die Orangen sorgfältig schälen, dabei auch die weiße Haut vollständig entfernen. Die Orangenfilets mit einem spitzen Messer aus den Trennhäuten herausschneiden und kreisförmig auf vier Desserttellern anrichten.
3. Die Sahne steif schlagen, dabei den Puderzucker einrieseln lassen. Dann den Rum darunterrühren.
4. Die Rumsahne auf die Orangen geben und jede Portion mit gehackten Mandeln bestreuen.

(auf dem Foto: unten)

Variation

Wenn Sie bei diesem Dessert eine besonders süße Orangensorte verwenden, können Sie die Sahne auch ungesüßt lassen. Rumsahne läßt sich auch mit anderen Südfrüchten kombinieren, zum Beispiel mit frischen Feigen.

Granité vom Granatapfel

Zubereitungszeit
ca. 20 Min.

Zeit zum Gefrieren
ca. 1 Std. 30 Min.

Zutaten für 4 Personen
5 Granatäpfel
6 EL Granatapfelsirup (Grenadine)
5 EL Zucker
1/2 Liter kräftiger Rotwein
3 unbehandelte Limetten

So wird's gemacht

1. Die Granatäpfel halbieren, die Samen mitsamt den Fruchtschalen mit einem Löffel herausschaben und in einen Topf geben. Grenadine und Zucker dazugeben und ein Viertel des Rotweins angießen.
2. Die Flüssigkeit erhitzen und 4 bis 5 Minuten leicht köcheln lassen. Danach mit dem Pürierstab leicht durchmixen, so löst sich die Schale der Kerne am besten. Die Masse durch ein Sieb passieren.
3. Die Masse abkühlen lassen und in ein flaches Gefäß mit Rand füllen. Dann den restlichen Wein dazugießen. Zwei Limetten auspressen, den Saft ebenfalls dazugeben, alles vorsichtig verrühren und die Form ins Tiefkühlfach stellen.
4. Die Flüssigkeit gefrieren lassen. Zwischendurch mit einer Gabel die zuerst gefrierenden Randschichten sowie die Oberfläche der Masse immer wieder lösen und unterrühren. Je öfter dieser Vorgang wiederholt wird, desto feinkörniger wird das Granité.
5. Die letzte Limette heiß abwaschen und in hauchdünne Scheiben schneiden. Das Granité in vorgekühlte Gläser füllen und mit den Limettenscheiben garnieren.

(auf dem Foto: links)

Passionsfrucht-granité

Zubereitungszeit
ca. 20 Min.

Zeit zum Gefrieren
ca. 1 Std. 30 Min.

Zutaten für 4 Personen
12 Passionsfrüchte
120 g Zucker
Saft von 2 Orangen (60–80 ml)
400 ml trockener Sekt oder Champagner
Pfefferminze zum Garnieren

So wird's gemacht

1. Die Passionsfrüchte halbieren, das Fruchtfleisch mit einem Löffel herausschaben, durch ein Sieb streichen und den Saft dabei auffangen.
2. Den Zucker in einen Topf geben, erhitzen und leicht karamelisieren lassen. Dann mit dem Passionsfruchtsaft ablöschen. Den Orangensaft dazugießen und den Zucker in der Flüssigkeit auflösen.
3. Die Mischung abkühlen lassen und in ein flaches Gefäß mit Rand gießen. Dann den Sekt oder den Champagner dazugeben, vorsichtig verrühren und die Form ins Tiefkühlfach stellen.
4. Die Flüssigkeit gefrieren lassen. Zwischendurch mit einer Gabel die zuerst gefrierenden Randschichten sowie die Oberfläche der Masse immer wieder lösen und unterrühren. Je öfter dieser Vorgang wiederholt wird, desto feinkörniger wird das Granité.
5. Wenn alles vollkommen durchgefroren ist, die Masse nochmals durchrühren und in vorgekühlte Gläser füllen. Das Granité mit Pfefferminze garnieren und sofort servieren.

(auf dem Foto: rechts)

Beeren und Früchte mit Mascarpone-schaum

Zubereitungszeit
ca. 15 Min.

Zutaten für 4 Personen
1 reife Mango
4 EL Himbeeren
4 EL Heidelbeeren
4 EL Walderdbeeren
4 Passionsfrüchte
einige Streifen von der Schale von einer unbehandelten Zitrone oder Limette
Für den Mascarponeschaum:
2 Eiweiß
1 Prise Vollmeersalz
2 EL Kleehonig
2 frische Eigelb
Mark von 1 Vanilleschote
etwas abgeriebene Schale von einer unbehandelten Orange
2 Tropfen Bittermandelaroma
2 TL gesiebtes Dinkelvollkornmehl
2 TL Mascarpone

So wird's gemacht
1. Den Backofen auf 250 °C vorheizen.
2. In vier feuerfesten tiefen Tellern die Früchte anrichten. Dazu die Mango schälen, entkernen, in dünne Scheiben schneiden und hineinlegen. Die Beeren waschen und darauf setzen. Die Passionsfrüchte halbieren, die Kerne mit dem Fruchtfleisch herausschaben und über die Beeren geben. Die Zitronen- oder Limettenschale darüberstreuen.
3. Die Eiweiße zusammen mit dem Salz steif schlagen, nach und nach den Kleehonig dazugeben und alles so lange weiterschlagen, bis die Masse zu glänzen beginnt. Dann die Eigelbe, das Vanillemark, die Orangenschale und das Bittermandelaroma dazugeben und alles so lange schlagen, bis die Masse hellgelb und schaumig ist.
4. Nun das Dinkelmehl unter Rühren einrieseln lassen. Danach den Mascarpone unterrühren, bis er sich verteilt hat. Die Schaummasse sofort über die Früchte geben.
5. Das Ganze im Ofen 2 bis 3 Minuten gratinieren, bis sich die Oberfläche leicht goldgelb färbt, dann sofort servieren.

(auf dem Foto: oben)

Honigmelonengelee auf Limettensirup

Zubereitungszeit
ca. 20 Min.

Zeit zum Gelieren
ca. 40 Min.

Zutaten für 4 Personen
Für das Gelee:
1 reife Honigmelone (ca. 1 kg)
1/4 Liter Cidre
2 TL Kleehonig
2 TL Agar-Agar-Pulver (pflanzliches Bindemittel)
Für den Sirup:
2 unbehandelte Limetten oder Zitronen
2 EL Kleehonig
1 kleines Stück Vanilleschote
Außerdem:
20 Himbeeren

So wird's gemacht:
1. Die Melone halbieren, entkernen, schälen und eine Hälfte kleinschneiden.
2. Die Melonenstücke zusammen mit Cidre und Kleehonig pürieren. Das Püree abmessen, es sollte genau 1/2 Liter sein, eventuell noch etwas Cidre dazugießen.
3. Das Agar-Agar-Pulver klümpchenfrei unter die kalte Flüssigkeit rühren und alles einmal kurz aufkochen lassen.
4. Vier Tassen mit kaltem Wasser ausspülen und die Flüssigkeit hineingießen. Das Gelee für etwa 40 Minuten kühl stellen.
5. Inzwischen die Limetten oder Zitronen heiß waschen, von der Schale mit einem Juliennereißer einige Streifen abziehen und diese beiseite legen. Die Zitrusfüchte auspressen.
6. Den Limetten- oder Zitronensaft, den Kleehonig und die Vanilleschote einige Minuten kochen lassen, bis der Saft sirupartig eingedickt ist. Die Vanilleschote herausnehmen.
7. Die restliche Melone in Scheiben schneiden und diese im Sirup marinieren.
8. Wenn das Gelee fest geworden ist, es am Rand mit einem stumpfen Messer leicht lösen, auf vier Teller stürzen und mit den marinierten Melonenscheiben, den Himbeeren und den Schalenstreifen hübsch verzieren.

(auf dem Foto: unten)

Tip

Agar-Agar wird aus einer asiatischen Rotalgenart gewonnen und bindet klare Gelees. Damit Agar-Agar bindet, muß es mit der Flüssigkeit aufgekocht werden.

Variation

Nach diesem Rezept können Sie auch Himbeergelee oder Traubengelee herstellen, das Sie auf Mascarponesahne oder auf etwas Joghurt setzen.

Waldbeeren und Blätterteiggebäck auf Sherrysabayon

Zubereitungszeit
ca. 35 Min.

Zeit zum Kühlen
ca. 15 Min.

Zutaten für 4 Personen

Für das Gebäck:
- *200 g aufgetauter TK-Blätterteig*
- *1 Liter neutrales Öl zum Ausbacken*
- *1 TL Puderzucker zum Bestäuben*

Für die Früchte:
- *400 g Waldbeeren (Himbeeren, Erdbeeren, Brombeeren, Heidelbeeren)*
- *2 EL Puderzucker*
- *4 EL Sahne-Sherry (z.B. Cream Sherry)*

Für den Sabayon:
- *100 ml Sahne-Sherry (z.B. Cream Sherry)*
- *100 ml trockener Weißwein*
- *4 Eigelb*
- *1 EL Zucker*
- *4 Pfefferminzzweige zum Garnieren*

So wird's gemacht

1. Den Blätterteig etwa 1/2 cm dick ausrollen, zu 10 cm großen Blättern mit einem Rundbogenrand ausstechen und die Blätter für 15 Minuten kühl stellen.
2. Inzwischen die Beeren verlesen, waschen, putzen und in eine Schüssel geben. Darin mit dem Puderzucker und dem Cream Sherry vorsichtig mischen und marinieren lassen.
3. Das Öl in einer tiefen Pfanne auf 180 ° C erhitzen und die Teigblätter darin portionsweis etwa 10 Minuten backen. Dann auf Küchenkrepp gut abtropfen lassen und anschließend mit Puderzucker bestäuben.
4. Für das Sabayon den Cream Sherry, den Weißwein, die Eigelbe und den Zucker im Wasserbad mit dem Schneebesen zu einem festen Schaum schlagen.
5. Die Beeren auf vier Dessertgläser verteilen, jeweils mit dem warmen Sabayon übergießen, mit Pfefferminze garnieren und zusammen mit dem Gebäck servieren.

Kleine Eierkuchen mit Rhabarbersahne

Zubereitungszeit
ca. 25 Min.

Zeit zum Kühlen
ca. 30 Min.

Zutaten für 4 Personen

Für die Rhabarbersahne:
500 g Rhabarber
1 Vanilleschote
3 EL Zucker
2 EL Apfelsaft
200 g Sahne

Für die Eierkuchen:
3 Eier
150 g Mehl
125 ml Milch
125 ml Mineralwasser
1 Prise Salz
3 EL Sojaöl

Außerdem:
50 g Borkenschokolade

So wird's gemacht

1. Den Rhabarber putzen, waschen und in 3 cm lange Stücke schneiden. Die Vanilleschote längs halbieren und das Mark mit einem Teelöffel herausschaben.
2. Die Rhabarberstücke zusammen mit Vanilleschote und -mark, Zucker und Apfelsaft zum Kochen bringen und etwa 2 Minuten köcheln lassen. Dann die Vanilleschote herausnehmen und die Rhabarbermasse für etwa 30 Minuten kühl stellen.
3. Inzwischen die Eier mit Mehl, Milch, Mineralwasser und Salz verrühren und den Teig etwa 20 Minuten quellen lassen. Den Backofen auf 100 °C vorheizen.
4. Jeweils etwas Sojaöl in einer Pfanne erhitzen und aus dem Teig 8 kleine Pfannkuchen backen. Die Pfannkuchen von beiden Seiten jeweils 2 Minuten goldgelb backen, auf einen feuerfesten Teller gleiten lassen und im Backofen warm stellen.
5. Die Sahne steif schlagen und vorsichtig unter die Rhabarbermasse ziehen. Die Hälfte der Borkenschokolade in Stücke schneiden, den Rest hacken. Pro Person zwei Pfannkuchen jeweils mit Rhabarbersahne füllen und zusammenklappen. Mit gehackter Borkenschokolade bestreuen und Borkenschokoladestücke anlegen. Sofort servieren.

Rhabarberauflauf

Zubereitungszeit
ca. 25 Min.

Zutaten für 4 Personen

1 kg Rhabarber
etwas abgeriebene Schale einer unbehandelten Zitrone
250 g Zucker
225 g Zwieback
2 Päckchen Vanillinzucker
5 EL Margarine (z.B. Sanella)
Fett für die Form
2 Eiweiß

So wird's gemacht

1. Den Rhabarber putzen, waschen und in 3 cm lange Stücke schneiden. Den Rhabarber zusammen mit der Zitronenschale und 125 g Zucker zum Kochen bringen und 5 bis 10 Minuten köcheln lassen.
2. Inzwischen den Zwieback kleinbröckeln und in einer Schüssel mit 75 g Zucker und dem Vanillinzucker vermengen. Die Margarine in einer Pfanne erhitzen und die Zwiebackmischung darin goldbraun anrösten.
3. Den Backofen auf 250 °C vorheizen. Eine Auflaufform ausfetten. Eine Schicht Zwiebackmischung hineingeben, etwas Rhabarberkompott darübergeben und so fortfahren, bis beide Zutaten aufgebraucht sind.
4. Die Eiweiße steif schlagen, dabei den restlichen Zucker einrieseln lassen. Die Eiweißmasse als Haube auf den Auflauf geben, diesen auf die untere Einschubleiste des Backofens geben und in etwa 3 Minuten goldgelb werden lassen. Noch warm servieren.

Variation

Sie können den Rhabarber auch auf Quarkteig überbacken: 500 g Magerquark mit etwas abgeriebener Zitronenschale, einem Teelöffel Zimt, 80 g gemahlenen Mandeln, 5 Eßlöffeln Vollkorngrieß, 4 Eiern, 4 Eßlöffeln flüssigem Honig und 1/2 Teelöffel Backpulver mischen. Den Rhabarber mit der Masse vermengen und bei 175 °C etwa 45 Minuten backen.

Himbeersoufflé

Zubereitungszeit
ca. 1 Std. 10 Min.

Zutaten für 4 Personen
300 g TK-Himbeeren
2 EL Himbeergeist
5 EL Zucker
Für das Soufflé:
5 EL Margarine (z.B. Sanella)
5 EL Mehl
1/4 Liter Milch
75 g Zucker
1 Päckchen Vanillinzucker
4 Eigelb
4 Eiweiß
1 Prise Salz
Fett für die Form
1 EL Puderzucker zum Bestreuen

So wird's gemacht

1. Die Himbeeren in eine Schüssel geben, mit Himbeergeist beträufeln, mit Zucker bestreuen und zugedeckt auftauen lassen.
2. Die Margarine in einem Topf erhitzen, das Mehl einrühren, hellgelb anschwitzen lassen und dann die Milch angießen. Die Masse aufkochen lassen, vom Herd nehmen und Zucker, Vanillinzucker sowie Eigelbe einrühren. Abkühlen lassen.
3. Den Backofen auf 200 °C vorheizen. Die Eiweiße zusammen mit dem Salz steif schlagen und unter die Masse ziehen. Eine Souffléform (ca. 17,5 cm Ø) ausfetten, die Himbeeren hineingeben und mit der Soufflémasse bedecken.
4. Die Souffléform in eine feuerfeste Form stellen, diese mit 90° C heißem Wasser füllen und das Ganze in den Ofen geben. Das Soufflé etwa 45 Minuten backen, mit Puderzucker bestäuben und sofort servieren.

Müsli und Brotaufstriche

Bunte Müslis erfreuen sich in den letzten Jahren einer immer größer werdenden Beliebtheit. Ob mit frischen Früchten, mit Nüssen oder mit Vollkorn- und erfrischenden Milchprodukten, ein Müsli auf dem Frühstückstisch garantiert Ihnen einen gesunden Start in den Tag. Eine weitere Bereicherung der Tafelfreuden bilden selbstgemachte Brotaufstriche. Sie lassen sich ohne großen Aufwand herstellen und sind eine köstliche Alternative zu den herkömmlichen Fertigprodukten.

Bohnencreme (auf dem Foto: oben)
Fettunta (auf dem Foto: Mitte)
Schafskäseaufstrich
(auf dem Foto: unten)
Rezepte Seite 190

Weizenmüsli

Zubereitungszeit
ca. 10 Min.

Zeit zum Quellen
ca. 30 Min.

Zutaten für 4 Personen
12 EL Weizen
4 TL Zitronensaft
4 TL Sonnenblumenkerne
4 TL Rosinen
4 mittelgroße Äpfel
2 Bananen
400 g Obst der Saison
4 TL gehackte Haselnüsse
Melisseblättchen zum Garnieren

So wird's gemacht
1. Den Weizen grob schroten und mit so viel kaltem Wasser zu einem dickflüssigen Brei verrühren, wie das Getreide aufnehmen kann.
2. Den Schrotbrei zugedeckt, am besten über Nacht, quellen lassen. Der Brei sollte mindestes 30 Minuten, höchstens aber 10 Stunden quellen.
3. Unmittelbar vor dem Servieren den Weizenbrei mit dem Zitronensaft, den Sonnenblumenkernen und den Rosinen mischen.
4. Die Äpfel waschen, halbieren, vom Kerngehäuse befreien, reiben und dazugeben. Die Bananen schälen, in Scheiben schneiden und portionsweise auf vier tiefe Teller geben. Das Müsli auf die Bananen plazieren.
5. Die Früchte waschen, bei Bedarf zerkleinern und darübergeben. Jede Portion mit Haselnüssen bestreuen und mit Melisseblättchen garnieren.

(auf dem Foto: oben links)

Sprossenmüsli

Zubereitungszeit
ca. 15 Min.

Zutaten für 4 Personen
etwa 200 g Getreidesprossen nach Wahl (aus etwa 100 g Getreide, 2 bis 3 Tage gekeimt)
frisch gepreßter Orangensaft nach Belieben
1 EL Sonnenblumenkerne
1 EL Leinsamen
2 EL Rosinen
2 große Äpfel
400 g Erdbeeren (oder anderes Obst der Saison)
2 EL Haselnüsse
1 Rispe rote Johannisbeeren
Melisseblättchen zum Garnieren

So wird's gemacht
1. Die Getreidesprossen gründlich abspülen und abtropfen lassen.
2. Die Sprossen in einer Schüssel mit dem Orangensaft, den Sonnenblumenkernen, dem Leinsamen und den Rosinen vermischen.
3. Die Äpfel waschen, halbieren, vom Kerngehäuse befreien, fein reiben oder schneiden und unter das Müsli ziehen.
4. Die Erdbeeren waschen, abtropfen lassen, vom Stielansatz befreien und in Scheiben schneiden. Die Haselnüsse blättrig schneiden. Die Johannisbeeren waschen und die Beeren von den Stielen zupfen.
5. Das Müsli in vier Schälchen geben. Jeweils Erdbeer- und Haselnußscheiben darübergeben, ein paar Johannisbeeren darüberstreuen und jede Portion mit Melisseblättchen garnieren.

(auf dem Foto: oben rechts)

Müsli mit Sonnenblumenkernen

Zubereitungszeit
ca. 10 Min.

Zeit zum Keimen
ca. 2 Tage

Zutaten für 4 Personen
120 g geschälte Sonnenblumenkerne
4 EL Rosinen
4 Pfirsiche
400 g Brombeeren
etwas Zitronensaft
1 Prise Zimt
Melisseblättchen zum Garnieren

So wird's gemacht
1. Die Sonnenblumenkerne etwa 10 Stunden in kaltem Wasser einweichen. Dann das Einweichwasser abgießen, die Sonnenblumenkerne gründlich spülen und weitere 12 Stunden keinem lassen.
2. Vor der Zubereitung die Keime gründlich spülen und gut abtropfen lassen.
3. Die Rosinen waschen, abtropfen lassen und zu den Keimen geben. Die Pfirsiche waschen, halbierenentkernen, kleinschneiden und ebenfalls dazugeben.
4. Die Brombeeren verlesen, waschen und locker unter das Müsli mischen. Alles mit Zitronensaft und Zimt abschmecken, portionsweise anrichten und mit Melisseblättchen garnieren.

(auf dem Foto: unten)

Müsli mit Roggensprossen

Zubereitungszeit
ca. 15 Min.

Zeit zum Quellen
über Nacht

Zutaten für 4 Personen

2 EL grobes Roggenvollkornschrot
4 EL Sahne oder Dickmilch
150 g Naturjoghurt
Saft von 1/2 Zitrone
Zimtpulver
2 EL flüssiger Honig
2 kleine Äpfel
4 EL Roggensprossen
100 g Erdbeeren
(oder andere Früchte der Saison)
2 weiche Datteln
2 EL Leinsamen oder
Leinsamensprossen

So wird's gemacht

1. Das Roggenvollkornschrot mit 2 Eßlöffeln Wasser verrühren und zugedeckt im Kühlschrank über Nacht quellen lassen.
2. Die Sahne oder die Dickmilch mit dem Joghurt, dem Zitronensaft, Zimt und Honig verrühren.
3. Die Äpfel waschen, vierteln, vom Kerngehäuse befreien und dazureiben. Zusammen mit den Roggensprossen unter das Schrot heben. Das Müsli in vier Schälchen geben.
4. Die Erdbeeren waschen, putzen und blättrig schneiden. Die Datteln längs aufschneiden und entkernen. Jede Portion Müsli mit den Früchten garnieren und mit Leinsamen bestreuen.

Variation

Auch mit Dinkel lassen sich gesunde Müslis zubereiten: 80 g mittelfein geschroteten Dinkel mit 6 Eßlöffeln kaltem Wasser anrühren und zugedeckt im Kühlschrank über Nacht quellen lassen. 5 Eßlöffel Milch erhitzen und unter den Dinkel rühren. Das Dinkelmüsli zusammen mit Bananenscheiben und frischen Zwetschgen servieren.

Frischkornmüsli mit Dinkel

Zubereitungszeit
ca. 15 Min.

Zeit zum Einweichen
über Nacht

Zutaten für 4 Personen
8 EL grobes Dinkelvollkornschrot
4 TL ungeschwefelte Korinthen
1 Banane
280 g Dickmilch
4 TL Sanddornsaft
200 g zerkleinertes Obst der Saison (Apfel, Orange, Beeren)
4 TL Leinsamen oder Nüsse
Flüssiger Honig nach Geschmack

So wird's gemacht

1. Das Dinkelvollkornschrot mit 8 Eßlöffeln Wasser verrühren und abgedeckt im Kühlschrank über Nacht einweichen. Die Korinthen ebenfalls in Wasser einweichen.
2. Die Banane schälen und zerdrücken, mit der Dickmilch, den Korinthen, dem Sanddornsaft, dem Obst und dem eingeweichten Schrot mischen.
3. Das Müsli in Schalen anrichten, mit Leinsamen oder Nüssen bestreuen und mit einigen Früchten garnieren. Eventuell mit Honig nachsüßen.

Variation

Sehr fein schmeckt das gequollene Dinkelschrot auch, wenn Sie es mit Honig, Hüttenkäse und etwas Vanillezucker verrühren und zusammen mit weißen und blauen Weintrauben servieren.

Käse-Oliven-Creme

Zubereitungszeit
ca. 20 Min.

Zutaten für 4 Personen
100 g schwarze Oliven
125 g Doppelrahmfrischkäse
75 g Joghurt
1 Knoblauchzehe
1 Bund Basilikum
weißer Pfeffer aus der Mühle
1 TL Sesam
Meersalz
1 Olive zum Garnieren
Basilikumblättchen zum Garnieren

So wird's gemacht
1. Die Oliven entsteinen und zerkleinern. Den Doppelrahmfrischkäse mit dem Joghurt glattrühren.
2. Die Knoblauchzehe schälen und im Mörser zerreiben. Das Basilikum waschen, trockenschleudern und fein hacken.
3. Die Oliven, den Knoblauch und das Basilikum mit der Käsemasse mischen und mit Pfeffer abschmecken.
4. Den Sesam in einer beschichteten Pfanne ohne Fettzugabe rösten. Dann im Mörser zusammen mit wenig Salz zerreiben, bis eine Paste entsteht. Diese zum Aufstrich geben. Den Aufstrich mit einer Olive und Basilikumblättchen garnieren.

(auf dem Foto oben)

Vegetarische Landleberpastete

Zubereitungszeit
ca. 15 Min.

Zeit zum Quellen
ca. 6 Std.

Zutaten für 4 Personen
200 g braune Zwerglinsen
600 ml Gemüsebrühe
(aus Instantpulver)
3 Zwiebeln, 1 Lorbeerblatt
3 Nelken, 60 g Lauch
1 Knoblauchzehe
100 ml Sonnenblumenöl
2 Msp. Schale von einer
unbehandelten Zitrone
2 Zweige Rosmarin
Kräutersalz
schwarzer Pfeffer aus der Mühle
frisch geriebene Muskatnuß
2 TL Sojasauce
2 EL Apfeldicksaft
3 EL Majoranblättchen

So wird's gemacht
1. Die Linsen in der Gemüsebrühe etwa 6 Stunden einweichen. Die Zwiebeln schälen, eine davon mit dem Lorbeerblatt und den Nelken spicken, die anderen würfeln. Den Lauch putzen, waschen und kleinschneiden.
2. Die Linsen zusammen mit dem Lauch und der gespickten Zwiebel einige Minuten kochen. Den Knoblauch schälen und fein hacken. Das Öl in einer Pfanne erhitzen und Zwiebeln, Knoblauch, Zitronenschale und Rosmarin darin anschwitzen.
3. Die gespickte Zwiebel von den Linsen entfernen, diese in einem Mixer zusammen mit den übrigen Zutaten fein pürieren und würzig abschmecken.

(auf dem Foto unten: links)

Avocadomousse

Zubereitungszeit
ca. 10 Min.

Zutaten für 4 Personen
4 reife Avocados
Saft von 1 Zitrone
Kräutersalz
weißer Pfeffer aus der Mühle
1 Tomate
4 EL Schnittlauchröllchen

So wird's gemacht
1. Die Avocados halbieren, entkernen und das Fruchtfleisch jeweils mit einem Teelöffel von den Schalen lösen.
2. Das Avocadofruchtfleisch mit einer Gabel zerdrücken und die Mousse mit Zitronensaft, Kräutersalz und Pfeffer abschmecken.
3. Die Tomate überkreuz einritzen, mit kochend heißem Wasser überbrühen, vom Stielansatz befreien, enthäuten, entkernen und das Fruchtfleisch würfeln. Die Tomatenwürfel zusammen mit den Schnittlauchröllchen unter die Mousse heben.

(auf dem Foto unten: rechts)

Variation

Wenn Sie es gerne pikanter mögen, können Sie die Avocadomousse zusätzlich mit 1 feingehackten Zwiebel, 1 durchgepreßten Knoblauchzehe, Cayennepfeffer und 1 Eßlöffel gehacktem Koriandergrün würzen.

Süßer Haferbrei

Zubereitungszeit
ca. 10 Min.

Zutaten für 4 Personen

8 EL Sahne
200 g Vollkornhaferflocken
4 EL flüssiger Honig
Zimtpulver

So wird's gemacht

1. Die Sahne zusammen mit 1/4 Liter Wasser in einem Topf erhitzen. Die Haferflocken hinzufügen und alles unter Rühren langsam aufkochen lassen.
2. Den Haferbrei mit Honig leicht süßen und vor dem Servieren mit Zimt bestäuben.

(auf dem Foto: oben)

Apfelmüsli

Zubereitungszeit
ca. 15 Min.

Zutaten für 4 Personen

4 mürbe Äpfel
400 g Joghurt (3,5 % Fett)
8 TL Frutilose
(pflanzliches Bindemittel)
12 EL kernige Haferflocken

So wird's gemacht

1. Die Äpfel waschen, vierteln, vom Kerngehäuse befreien und grob raspeln.
2. Den Joghurt mit der Frutilose glattrühren und die Äpfel daruntermischen.
3. Die Haferflocken auf vier Schälchen verteilen und die Apfel-Joghurt-Masse darübergeben.

(auf dem Foto: 2. von oben)

Bananenjoghurt

Zubereitungszeit
ca. 10 Min.

Zutaten für 4 Personen

4 kleine Bananen
600 g Joghurt (3,5 % Fett)
4 EL Sonnenblumenkerne

So wird's gemacht

1. Die Bananen schälen und mit einer Gabel zerdrücken.
2. Den Joghurt mit dem Schneebesen cremig rühren und das Bananenmus darunterrühren. Alles mit Sonnenblumenkernen bestreuen.

(auf dem Foto: 2. von unten)

Französisches Frischkäsebrot

Zubereitungszeit
ca. 10 Min.

Zutaten für 4 Personen

200 g Doppelrahmfrischkäse
8 EL Mineralwasser
4 Knoblauchzehen
3 EL gehacktes Basilikum
Kräutersalz
4 Scheiben Vollkornbrot

So wird's gemacht

1. Den Frischkäse mit dem Mineralwasser cremig rühren. Die Knoblauchzehen schälen und durch eine Presse dazudrücken.
2. Das Basilikum unterheben und den Aufstrich mit Kräutersalz abschmecken.
3. Die Vollkornbrotscheiben mit dem Aufstrich bestreichen.

(auf dem Foto: unten)

Haferflockenmüsli mit Backpflaumen

Zubereitungszeit
ca. 10 Min.

Zeit zum Quellen
ca. 8 Std.

Zutaten für 4 Personen

12 Backpflaumen
12 EL kernige Haferflocken
400 g Kefir
4 EL Frutilose
Zimtpulver

So wird's gemacht

1. Die Pflaumen etwa 8 Stunden in Wasser quellen lassen.
2. Anschließend die Backpflaumen kleinschneiden und mit etwas Einweichwasser, den Haferflocken und dem Kefir mischen.
3. Das Müsli mit Frutilose süßen und mit Zimt bestäuben.

(auf dem Foto: Mitte)

Frühlingssuppe

(Foto Seite 28/29)

Zubereitungszeit
ca. 40 Min.

Zutaten für 4 Personen
1 Bund Frühlingszwiebeln
1 mittelgroßer Kohlrabi
1 Karotte
1/2 Wirsingkohl
3 EL Margarine (z.B. Sanella)
1 Liter Gemüsebrühe (aus Instantpulver)
100 g grobes Grünkernvollkornschrot
150 g Erbsen (aus der Dose)
3 EL Crème fraîche
Salz
schwarzer Pfeffer aus der Mühle
1/2 TL Muskatpulver
1 TL Currypulver
4 EL gehackte Petersilie

So wird's gemacht

1. Die Frühlingszwiebeln putzen, waschen und in Ringe schneiden. Den Kohlrabi und die Karotte schälen und jeweils in feine Stifte schneiden. Den Wirsing putzen, waschen und in Streifen schneiden. Frühlingszwiebeln, Kohlrabi und Wirsing in der Margarine 5 Minuten andünsten und dann beiseite stellen.
2. Die Gemüsebrühe zum Kochen bringen und das Grünkernschrot hineingeben. Das angedünstete Gemüse und die Erbsen hinzufügen und das Ganze zugedeckt bei mittlerer Hitze 20 bis 30 Minuten garen.
3. Die Suppe mit Crème fraîche verfeinern und mit den Gewürzen abschmecken. Zum Schluß die Karotte dazugeben, alles mit Petersilie bestreuen und servieren.

Conchiglie mit Kräutern

(Foto Seite 52/53)

Zubereitungszeit
ca. 15 Min.

Zutaten für 4 Personen
3 EL Butter
400 g Frischkäse
200 g Sahne
1 durchgepreßte Knoblauchzehe
2 EL gehackte Petersilie
1 EL gehacktes Basilikum
1 TL gehackter Salbei
4 gehackte Pfefferminzblätter
4 gehackte Estragonblätter
2 EL Schnittlauchröllchen
schwarzer Pfeffer aus der Mühle
Salz
500 g Conchiglie (Nudeln in Muschelform)
2 EL frisch geriebener Parmesan

So wird's gemacht

1. Die Butter erhitzen, den Frischkäse zusammen mit der Sahne dazugeben, das Ganze unter Rühren aufkochen lassen, bis es zu einer glatten Creme verschmolzen ist.
2. Die Creme ins heiße Wasserbad stellen. Den Knoblauch und die Kräuter unterrühren. Mit Pfeffer und Salz abschmecken.
3. Inzwischen die Nudeln in kochendem Salzwasser bißfest garen, abgießen und in eine Schüssel füllen. Die Sauce darüber verteilen und alles mit Parmesan bestreuen.

Champignongratin

(Foto Seite 68/69)

Zubereitungszeit
ca. 55 Min.

Zutaten für 4 Personen
500 g festkochende Kartoffeln
500 g Champignons
4 Schalotten, 5 EL Butter
1 durchgepreßte Knoblauchzehe
4 EL trockener Weißwein
2 EL gehackte Petersilie
Salz, Pfeffer aus der Mühle
250 g Sahne, 75 g geriebener Greyerzer, 2 Eigelb
1 Prise geriebene Muskatnuß
1 EL Schnittlauchröllchen

So wird's gemacht

1. Die Kartoffeln schälen, in dünne Scheiben schneiden und in kochendem Salzwasser 3 Minuten blanchieren. Mit dem Schaumlöffel herausnehmen und auf Küchenkrepp abtropfen lassen. Den Backofen auf 200 °C vorheizen.
2. Champignons putzen und in Scheiben schneiden. Schalotten schälen, fein würfeln und in 4 Eßlöffeln Butter glasig braten. Die Champignons und den Knoblauch dazugeben und anbraten. Mit Wein ablöschen und bei starker Hitze 5 Minuten köcheln lassen. Die Petersilie unterrühren und mit Salz und Pfeffer würzen.
3. Eine Auflaufform mit der restlichen Butter ausfetten. Kartoffeln und Champignons lageweise einschichten, dabei die Kartoffeln pfeffern, mit etwas Käse bestreuen und mit etwas Sahne begießen. Mit einer Schicht Champignons abschließen.
4. Die restliche Sahne mit den Eigelben verquirlen, mit Salz, Pfeffer und Muskatnuß würzen und über das Gratin geben. Mit dem restlichen Käse bestreuen. Im Ofen etwa 30 Minuten backen, dann mit Schnittlauchröllchen bestreuen.

Kräuter-Käse-Salat

(Foto Seite 92/93)

Zubereitungszeit
ca. 15 Min.

Zutaten für 4 Personen
1 kleiner Kopf Radicchio
100 g Wildkräuter (Löwenzahn-, Sauerampferblätter, Brunnenkresse)
100 g Emmentaler
1 säuerlicher Apfel
Saft von 1/2 Zitrone
2 EL Weizenkeimlinge
1 EL mittelscharfer Senf
2 EL Obstessig
2 Eigelb
4 EL Sonnenblumenöl
Salz
Pfeffer aus der Mühle
Cayennepfeffer
1/2 TL flüssiger Honig
3 EL Crème fraîche
1 TL feingehackter Estragon

So wird's gemacht
1. Den Salat und die Kräuter putzen, waschen, trockenschleudern, in mundgerechte Stücke zerzupfen und auf Tellern anrichten. Den Käse in dünne Streifen schneiden und jeweils dazugeben.
2. Den Apfel waschen, halbieren, vom Kerngehäuse befreien, in dünne Scheiben schneiden und diese mit Zitronensaft beträufeln. Die Scheiben auf den Tellern anrichten. Die Weizenkeimlinge abspülen und portionsweise dazugeben.
3. Aus den übrigen Zutaten mit dem Schneebesen eine cremige Sauce rühren und diese jeweils über den Salat geben.

Grünkernküchlein mit Brokkolisauce

(Foto Seite 118/119)

Zubereitungszeit
ca. 1 Std. 15 Min.

Zutaten für 4 Personen
250 g mittelfeines Grünkernvollkornschrot
1/2 Liter Gemüsebrühe (aus Instantpulver)
1 gewürfelte Zwiebel
2 EL Olivenöl
1 EL gehackte Petersilie
1 Ei
Salz, Pfeffer aus der Mühle
500 g Brokkoli
2 EL Margarine
100 g Joghurt (3,5 % Fett)
geriebene Muskatnuß
5 EL frisch geriebener Parmesan
1 EL Mandelblättchen

So wird's gemacht
1. Den Grünkern zusammen mit der Gemüsebrühe aufkochen, bei mittlerer Hitze 10 Minuten quellen lassen, abschrecken und abtropfen lassen. Die Zwiebel in 1 Teelöffel Öl andünsten und zusammen mit Petersilie und Ei unter die Grünkernmasse heben. Mit Salz und Pfeffer würzen.
2. Für die Sauce den Brokkoli putzen, waschen, in Röschen teilen und diese in wenig Salzwasser zusammen mit der Margarine 10 Minuten garen. Den Brokkoli pürieren, den Joghurt dazugeben und die Sauce nochmals erhitzen, aber nicht kochen lassen. Mit Salz, Pfeffer und Muskat abschmecken und den Käse einrühren.
3. Aus der Grünkernmasse kleine Küchlein formen und diese im restlichen Olivenöl goldbraun braten. Zusammen mit der Sauce servieren und mit Mandelblättchen bestreuen.

Gebratene Eier mit Gemüse

(Foto Seite 150/151)

Zubereitungszeit
ca. 30 Min.

Zutaten für 4 Personen
12 Eier
1 TL Sojasauce
1 TL Miso (Fertigprodukt)
Salz
Pfeffer aus der Mühle
3 feingewürfelte Schalotten
2 feingewürfelte Knoblauchzehen
1 Frühlingszwiebel (in Ringen)
1 Zucchino (in Streifen)
100 g Bambussprossen (aus der Dose)
80 g halbierte Kirschtomaten
3 EL gehacktes Basilikum, 2 EL Öl
2 EL Butterschmalz

So wird's gemacht
1. Die Eier mit Sojasauce, Miso, Pfeffer und Salz gut verquirlen. Nun 1 Eßlöffel Öl im Wok oder in der Pfanne erhitzen, ihn damit ausschwenken und das Öl abgießen. Diesen Vorgang einmal wiederholen.
2. Das Butterschmalz im Wok oder in der Pfanne erhitzen und das Gemüse, außer den Tomaten, darin 20 bis 30 Sekunden unter ständigem Rühren braten.
3. Die Eimasse, die Tomaten und das Basilikum hinzufügen und alles unter Rühren nochmals 25 Sekunden braten.

Joghurtnockerl mit Fruchtsauce

(Foto 160/161: oben)

Zubereitungszeit
ca. 2 Std.

Zutaten für 4 Personen
4 Blatt weiße Gelatine
200 g Magerquark
100 g Joghurt (3,5 % Fett)
4 EL Puderzucker
abgeriebene Schale von
1 unbehandelten Zitrone
200 g Sahne, 200 g Erdbeeren
1 Banane, 1 EL flüssiger Honig
Pfefferminze zum Garnieren

So wird's gemacht
1. Die Gelatine 10 Minuten in kaltem Wasser quellen lassen. Quark, Joghurt, Puderzucker und Zitronenschale glattrühren. Die Gelatine in 3 Eßlöffeln heißem Wasser auflösen und unter die Quarkcreme rühren. Die Sahne steif schlagen, unterheben und die Creme für etwa $1^1/_2$ Stunden kühl stellen.
2. Die Erdbeeren waschen und putzen. Die Banane schälen und kleinschneiden. Das Obst pürieren und mit Honig süßen. Die Sauce auf vier Teller gießen. Aus der Quarkcreme mit einem Eßlöffel Nockerl abstechen und diese auf die Teller geben. Jeweils mit Pfefferminze garnieren.

Avocadocreme

(Foto Seite 160/162: unten)

Zubereitungszeit
ca. 30 Min.

Zutaten für 4 Personen
1 reife Avocado (ca. 250 g)
1 EL Zitronensaft
abgeriebene Schale von
1 unbehandelten Zitrone
250 g Magerquark
1 EL flüssiger Honig, 1 Kiwi
Puderzucker zum Bestäuben
2 EL Mandelblättchen

So wird's gemacht
1. Die Avocado halbieren, entkernen, das Fruchtfleisch aus der Schale lösen und pürieren. Sofort Zitronenschale, Zitronensaft, Quark und Honig darunterrühren. Die Avocadocreme kühl stellen.
2. Die Kiwi schälen und in Scheiben schneiden. Vier Teller mit Puderzucker bestäuben.
3. Die Avocadocreme mit Hilfe eines Spritzbeutels auf den Tellern verteilen und mit Kiwischeiben garnieren. Mit Mandelblättchen bestreuen.

Bohnencreme

(Foto Seite 178/179: oben)

Zubereitungszeit
ca. 30 Min.

Zutaten für 4 Personen
250 g weiße Bohnen (aus der Dose)
6 Knoblauchzehen, Salz
1/8 Liter Olivenöl
5 gehackte Pfefferminzblätter
3 EL gehackte Petersilie
5 EL gemahlene Haselnüsse
oder Pinienkerne
1/2 TL Cayennepfeffer
Saft von 2 Zitronen

So wird's gemacht
1. Die Bohnen in wenig Salzwasser weich kochen und pürieren.
2. Den Knoblauch schälen und zusammen mit Salz und etwas Olivenöl im Mörser zerdrücken. Pfefferminzblätter und Petersilie zusammen mit dem restlichen Öl und Haselnüssen unter das Bohnenpüree mischen.
3. Den Knoblauch hinzufügen, mit Salz, Cayennepfeffer und Zitronensaft abschmecken.

Fettunta

(Foto Seite 178/179: Mitte)

Zubereitungszeit
ca. 5 Min.

Zutaten für 4 Personen
500 g altbackene Brotscheiben
einige halbierte Knoblauchzehen
nach Geschmack
4 EL kaltgepreßtes Olivenöl
Salz, Pfeffer aus der Mühle

So wird's gemacht
1. Brotscheiben toasten oder im Backofengrill knusprig rösten.
2. Sofort beidseitig mit halbierten Knoblauchzehen kräftig einreiben, mit Olivenöl beträufeln und mit Salz und Pfeffer bestreuen.

Schafskäseaufstrich

(Foto Seite 178/179: unten)

Zubereitungszeit
ca. 30 Min.

Zutaten für 4 Personen
250 g milder Schafskäse
4 EL feingehackter Dill
1 EL feingehackter Estragon
8 durchgepreßte Knbolauchzehen
10 entkernte und kleingeschnittene
schwarze Oliven
Saft von 1/2 Zitrone
5 EL Olivenöl

So wird's gemacht
Alle Zutaten mit dem Schafskäse verkneten und den Aufstrich frisch servieren.

Zum Thema Kochen sind bei Bassermann außerdem erschienen:
„Köstliche italienische Küche" (1/0110) – „Kalte Küche" (1/0117)
„Gut kochen – herzhaft genießen" (1/0122) – „Salate" (1/0126)
„Köstliche asiatische Küche" (1/0134) – „Das neue große Grundkochbuch" (1/0160) – „Spaghetti, Tortellini & Co." (1/0175)

Die Deutsche Bibliothek – CIP-Einheitsaufnahme

Vegetarische Küche : frisch und gesund rund ums Jahr /
Isa Fuchs (Hrsg.). -
Niedernhausen/Ts. : Bassermann, 1995
ISBN 3-8094-0181-1
NE: Fuchs, Isa [Hrsg.]

Der Verlag dankt folgenden Firmen für die freundliche Unterstützung bei der Entstehung dieses Buches:
Biskin; Bresso GmbH, Kempten; Butaris Markenschutzverband e.V., Hamburg; Carmel; Cortina; Fino Mascarpone; Flora; Informationsbüro Sherry, Hamburg; Informationsbüro Sojaöl, Hamburg; Informationsbüro USA-Peanuts, Hamburg; Landesvereinigung der Bayerischen Milchwirtschaft e.V., München, Livio Öl; Maggi Kochstudio, Frankfurt; Milkana; Olio Dante; Romanza Amaretto/Dethleffsen, Flensburg; Sanella; UBENA/INFO ZENTRUM GEWÜRZE, Bremen, USA-Sonnenblumenkerne

ISBN 3 8094 0181 1

Umschlaggestaltung: Adolf Bachmann, Reischach/Peter U. Pinzer
Titelbild: TLC Foto-Studio, Velen-Ramsdorf
Fotos: S. 55, 143 oben: Biskin; S. 48: Bresso GmbH, Kempten; S. 45, 86, 87, 139, Butaris Markenschutzverband e.V., Hamburg; S. 116, 117: Carmel; S. 124: Cortina; S. 167 unten: Fino Mascarpone; S. 38: Flora; S. 167 oben, 174: Informationsbüro Sherry, Hamburg; S. 39, 44, 58, 59, 66, 73, 98, 107, 113, 114, 115, 128, 133, 135 oben, 175: Informationsbüro Sojaöl, Hamburg; S. 106: Informationsbüro USA Peanuts, Hamburg; S. 54, 67: Landesvereinigung der Bayerischen Milchwirtschaft e.V., München, S. 102, 103: Livio Öl; S. 72, 112, 135 unten, 138, 159: Maggi Kochstudio, Frankfurt; S. 76: Milkana; S. 77: Olio Dante; S. 165: Romanza Amaretto/Dethleffsen, Flensburg; S. 28/29, 164, 176, 177: Sanella; S. 99, 146: UBENA/INFO ZENTRUM GEWÜRZE, Bremen, S. 100, 101: USA-Sonnenblumenkerne; alle anderen Fotos: Archiv
Redaktion: Dr. Reitter & Partner, D-85591 Vaterstetten
Herstellung: Dr. Reitter & Partner, D-85591 Vaterstetten

Satz: Dr. Reitter & Partner, D-85591 Vaterstetten
Gesamtkonzeption: Bassermann'sche Verlagsbuchhandlung,
D-65527 Niedernhausen/Ts.

817 2635 4453 6271